**Partnerschaft
leben lernen**

Partnerschaft leben lernen

Prof. Dr. Annelie Keil
Klaus Haak

Wenn Beziehungen krank machen

—

Warum Gespräche in der Sackgasse enden

—

Wie man Beziehungsfallen erkennt

—

Welche Alltagsübungen helfen

—

INHALT

LIEBE UND PARTNERSCHAFT

Die Liebe an sich
gibt es nicht.
Sie wird in der
Begegnung mit
einem geliebten
Menschen erfahren,
erlebt und gelernt

PARTNERSCHAFT LEBEN – LIEBE GESTALTEN

Wer lieben will, muß das Wagnis einer Beziehung eingehen. Auf tausend Fragen gilt es eine Antwort zu suchen, die wenigsten werden eindeutig sein. Dem Fluß des Sprechens und Handelns folgt die Gegenbewegung des Zuhörens und Betroffenseins. Der liebende Dialog, der so entsteht, kennt keinen Sieger. Gelebte Partnerschaft verlangt das Wagnis der Begegnung immer wieder neu

Fragt man Menschen, was Liebe für sie ist, dann suchen sie in der Regel nicht nach größeren Definitionen, sondern umschreiben das Gefühl der Liebe mit Worten, die ganz konkret auf die eigenen Wünsche und Vorstellungen hinweisen: Liebe heißt, einem anderen Menschen ganz zu vertrauen, über alles mit ihm sprechen zu können, sich akzeptiert und ohne Vorbehalte angenommen zu wissen. Liebe bedeutet, miteinander durch dick und dünn zu gehen, sich trotz mancher Gegensätze immer wieder zu vereinigen. Wenn der eine den anderen ergänzt, ohne ihn zu bevormunden, wenn jeder sich entwickeln kann, aber die eigene Selbstbehauptung die Fähigkeit zur Hingabe an den anderen nicht gefährdet – das ist Liebe. Liebe heißt frei zu sein und gleichzeitig sich gebunden zu fühlen, beschützt zu werden, und doch nicht abhängig zu sein. Liebe braucht Offenheit und Toleranz, sie verlangt die Fähigkeit, zu geben und zu nehmen, zuzuhören und sich selbst Gehör zu verschaffen, aktiv und passiv zu sein und sein zu dürfen. „Liebe an sich" könnte so schön sein – ein Risikofaktor scheinen nur die Menschen zu sein, die sich lieben.

Die Liebe an sich gibt es nicht, so sehr wir sie auch besingen und beschwören. Liebe entsteht und lebt nur aus der tiefen Begegnung mit einem anderen Menschen. Sie also *ist* Begegnung schlechthin und entzündet sich in jenem Zwischenraum, in dem zwei Menschen sich gegenseitig angezogen fühlen und aufeinander zugehen. Nur wer dazu bereit ist, kann Liebe auch erfahren. In diesem Sinne ist Liebe vor allem Bewegung und Austausch, Ausdruck der Fähigkeit des Menschen, sich in der Beziehung zu einem anderen Menschen selbst zu entwickeln, Nähe und Distanz zu erproben. Kein Mensch wird geboren, um ganz allein zu leben, er kann es gar nicht. Wir brauchen einander in vielfältigster Weise vom Tag unserer Zeugung an, und ohne Begegnung, Bewegung, Austausch und Integration sowie Akzeptanz all der Unterschiede entstünde Leben gar nicht, geschweige denn Überleben. Wir bedürfen in einer umfassenden Bedeutung der Lebens-Mittel, und eines der wichtigsten ist die Beziehung und die Liebe zu anderen Menschen, aber natürlich auch unsere Beziehung und unsere Liebe zur Natur und zur übrigen Welt, in die wir eingebunden sind.

Liebe als Qualität der Begegnung und der Bewegung ist also auf Praxis angewiesen. Wer wissen und erfahren will, was Liebe ist, muß leben, das heißt tätig werden. Die Liebe ist dem Leben da sehr ähnlich: Beides ist zunächst nur eine Möglichkeit. Liebe und Leben müssen wir erst gestalten, um sie zu besitzen. Wir können sie nicht abtreten oder delegieren, uns nicht von einem anderen Menschen leben lassen. Auch die Liebe können wir nicht allein dadurch erfahren, daß wir geliebt werden; wir müssen uns darauf einlassen, selbst in den Prozeß der Liebe einzutreten. Wir müssen uns beteiligen, um zu erfahren, was die Liebe in uns erzeugt oder was sie mit uns macht.

BEZIEHUNG GESTALTET UND ORDNET LEBEN

Partnerschaften entstehen gewöhnlich aus Liebe, auch wenn sie sich manchmal sehr schnell in Kriegsschauplätze verwandeln und die Liebe dann ein kümmerliches Dasein fristet. Wir treten, wenn wir lieben, freiwillig in eine Beziehung ein, um die Liebe zu leben und sie zu genießen. Eine Beziehung aufzunehmen heißt ja Bezug nehmen, eine Verbindung herstellen, Strukturen erkennen, sich einbringen, standhalten, aber auch sich verändern und öffnen.

Wer ist dieses fremde Wesen, das uns im Licht der Liebe so nah und vertraut erscheint, wirklich? Was ist dieser Mensch jenseits der Wirkungen, die er gefühlsmäßig in uns hervorruft? Woher kommt er, welche Erfahrungen haben ihn geprägt, was sucht dieser andere Mensch gerade in uns, und was bewirken wir in ihm? Das freudige Chaos, das wir in uns erleben und oftmals auch um uns herum verbreiten, wenn wir uns verlieben und uns einer zunächst verwirrenden Begegnung öffnen, aber auch die Fähigkeit und die Bereitschaft, alles zu vergessen und zu überspringen, was unserer neuen Liebe als trennende Hürde erscheint, wird sehr schnell von dem Wunsch begleitet, die Beziehung zu festigen. Sehr bald wollen wir das Chaos bändigen. Die Begegnungen werden geplanter; bestimmte Dinge, wie es so schön heißt, müssen unbedingt besprochen werden. Wir suchen im bewegten Chaos der Liebe nach Sicherheit. Nun geht es also um Beziehung, und zwar um eine partnerschaftliche, also eine, die nicht von Unter- und Überordnung lebt, sondern auf Gleichheit beruht. In der Beziehung soll die Energie der Liebe, also das, was uns als Gefühl umtreibt, den Schlaf raubt und manchmal auch um den Verstand bringt, eine Struktur bekommen. Im Chaos der Liebe wollen wir mit der Beziehung eine Art Ordnung schaffen. Wir stellen in unserem Leben einen bestimmten

Lieben heißt tätig werden, gestalten

In der Beziehung bekommt die Liebe Struktur

Raum und eine bestimmte Zeit zur Verfügung und geben damit der Liebe die Möglichkeit, sich zwischen und mit uns zu entfalten und zu entwickeln.

Wenn die Liebe beginnt, wird sie erst durch diesen wie auch immer strukturierten Gestaltungsraum und die ihr in der Partnerschaft zugestandene Zeit zu dem, was sie auf Dauer leben läßt. Aus dem, was wir uns also jeweils unter Liebe vorstellen, muß erst langsam und Schritt für Schritt eine Realität werden, auf die wir uns wirklich beziehen und verlassen können. Dieser Prozeß der Ausgestaltung einer Partnerschaft ist ein lebenslanger Lern- und Erfahrungsprozeß, und endet erst mit unserem letzten Atemzug.

Ausgestaltung der Partnerschaft dauert ein Leben lang

VIELE FRAGEN – NICHT NUR EINE ANTWORT

Zu Beginn einer Liebe weiß niemand, was die Liebenden erwartet und wie sie mit dem, was eintritt, umgehen werden. Freiheit und Abhängigkeit, Gleichheit und Verschiedenheit, Individualität und Gegenseitigkeit, Männlichkeit und Weiblichkeit wollen nicht nur durch die Jahre hindurch erkannt und zugelassen, sondern auch ertragen und ausgehalten werden.

Wie können wir lernen, die Autonomie und Selbständigkeit des anderen zu akzeptieren, ohne gleich in Trennungsangst zu verfallen und dabei selbst vielleicht auf Distanz zu gehen, wenn wir doch eigentlich Nähe brauchen und auch erzeugen wollten?

Wieviel an Bewegungsspielraum braucht eine Liebe, wieviel Spontaneität und Einfallsreichtum, wieviel Phantasie und Ungewißheit, wieviel Chaos und wieviel Anregung, um wirklich lebendig zu bleiben? Wieviel Sicherheit, Kontinuität und Ordnung, wieviel Vertrauen in die Beziehung ist nötig, um sich überhaupt entwickeln zu können? Wie und wodurch entstehen Beziehungsstrukturen, die sich von der bewegenden Kraft der Liebe nicht mehr gestalten lassen, sondern erstarrt einen Machtanspruch aufrechterhalten und eine echte Beziehung in der Liebe hemmen? Was passiert, wenn das gewünschte Vertrauen in den anderen gar nicht entsteht oder in Mißtrauen umschlägt? Was ist der Grund dafür, daß es vielen Paaren so schwerfällt, über alles miteinander zu sprechen, ja überhaupt miteinander zu sprechen? Warum wird aus der Vereinigung der Geschlechter eher ein Geschlechterkampf statt ein Friede? Warum springen uns die Partnerschaftsmiseren eher ins Auge als der Genuß, den wir aus Partnerschaft und Zusammenleben ziehen? Was macht Partnerschaft zu einer Art Krisenherd, was aus den Beziehungen eher eine Beziehungsfalle?

BEZIEHUNG ALS FALLE

Bleiben wir für einen Augenblick bei der letzten Frage. Wer in eine Falle tappt, ist sozusagen in einen Hinterhalt geraten. Grundsätzlich weiß er von der Gefahr, aber mit der Absicht, eine Beziehung oder einen Bezug zum anderen herzustellen, begibt er sich bewußt oder unbewußt ins Gefahrengebiet, und nur zu oft schnappt die Falle auch zu. Anders aber als die Maus und andere Tiere, die die Fallen, in die sie geraten, nie selbst aufstellen, betätigen sich Menschen in Beziehungen ebenso häufig als Fallensteller, wie sie sich selbst in den für sie vorbereiteten Fallen verfangen und gefangen werden. Vor allem verdeckte Fallen leben von der Wiederholung und schnappen im Laufe der Zeit immer perfekter zu.

Statt zu vertrauen und eine vertrauensvolle Situation in der Beziehung zu erzeugen, versuchen wir den anderen zu überführen, ihm etwas zu unterstellen, das unser Mißtrauen rechtfertigt. Statt einen Sachverhalt oder eine gemeinsame Erfahrung zu klären, machen wir Vorwürfe und versuchen dem Partner oder der Partnerin für das Mißlungene die Schuld zuzuweisen. Statt konkret zu werden und in einem bestimmten Punkt eine Veränderung zu erreichen, gehen wir über die Verallgemeinerung zu einem Generalangriff über und setzen den anderen matt. Statt mit den eigenen Wünschen, Argumenten und Empfindungen in die Auseinandersetzung zu gehen, holen wir die Freunde, die Eltern oder die ganze Welt als Kronzeugen herbei und werden dabei noch einsamer, als wir uns in unserer Beziehung ohnehin schon fühlen.

Wenn wir für einen Augenblick im Bild der Falle bleiben, wird deutlich, was beim Fallenstellen passiert: Der Partner sitzt fest, er ist und fühlt sich gefangen, sein Bewegungsspielraum ist verloren. Um sich zu befreien, schlägt er eher um sich, als auf uns einzugehen. Die Falle sperrt ein, hält ihn im Genick fest, sie löst Aggressionen oder Schweigen aus. Der Partner fühlt sich ungerecht behandelt, gekränkt, seiner Freiheit beraubt. In der Beziehungsfalle kommt die Bewegung der Liebe zum Stillstand.

Die Schwierigkeiten und das Unglück vieler Beziehungen beruhen auf dem naheliegenden Mißverständnis, Liebe sei alles,

Die Falle sperrt ein, löst Aggressionen oder Schweigen aus

was man für eine Beziehung braucht. Liebe und Beziehung werden miteinander gleichgesetzt, statt daß wir akzeptieren, daß sie im offenen Dialog miteinander ringen. Ob eine Beziehung für eine Liebe genügend Wohnraum bietet oder eine Liebe sich überhaupt auf eine Beziehung einläßt, ob also Liebe und Beziehung sich zueinander öffnen und miteinander auskommen, das entscheidet sich nicht am Anfang einer Liebe und auch nicht mit dem Akt der Eheschließung, sondern ist ein Weg ständiger Herausforderung und Auseinandersetzung.

Beziehung ist ein Weg ständiger Herausforderung und Auseinandersetzung

DIE UNFÄHIGKEIT ZUM DIALOG

Der Dialog ist ein Zwiegespräch, ein Gespräch zwischen zwei Menschen, eine Wechselrede, in der es darum geht, daß das Sprechen des einen Partners das Zuhören des anderen verlangt und umgekehrt, in der also zugewandte Aktivität und aufnehmende Passivität einander abwechseln und jedem Gesprächspartner beide Rollen zufallen. Ein Dialog ist gefährdet, wenn sich beispielsweise ein Mann keine Schwächen und passiven Tendenzen zugestehen kann und die Frau sich auf das einseitige Bild der Bewunderung des Mannes und seiner Argumentationsvernunft einengen läßt. Noch

Wenn der Dialog zum Schlagabtausch wird

schwieriger wird es, wenn der eine im Gespräch seine Herrschaft zum Ausdruck bringt und der andere mit Gefügigkeit antwortet. Wenn gegenseitige Vorwürfe den Inhalt des Gesprächs und den Versuch des Austauschs über die unterschiedlichen Positionen aus den Angeln heben. Wenn die Partner sich sichtlich miteinander quälen und an ihrer Beziehung leiden, aber letztlich beide an ihrer Beziehung nicht wirklich etwas ändern wollen und deshalb ihre Dialoge nur zum Schein und zur Behauptung ihrer Position führen. Außenstehende können oft nur schwer begreifen, wie zwei vernünftige Menschen sich über Jahrzehnte hinweg mit immer gleichen Sätzen und Worten kränken, belasten, in Wut und Verzweiflung bringen und Haß, Rachegefühle und bittere Enttäuschung hervorrufen können, ohne die Nutzlosigkeit solcher Gespräche einzusehen und dementsprechend von ihnen Abstand zu nehmen.

Viele Paare entwickeln geradezu eine Meisterschaft in Dialogunfähigkeit. Diese täglichen „Passionsspiele" fangen meistens ganz harmlos an. Da der Streit oft um alltägliche Bagatellen geführt wird, ist nur schwer einsehbar, weshalb sich beide so halsstarrig und verbohrt verhalten. Oft geht es um nichts, um nichts Besonderes jedenfalls. Aber genau das ist das Problem: Dramatisch ist, daß in der Beziehung nichts mehr passiert. Im Beziehungsalltag ist die Liebe, die leben wollte, in die Enge, manchmal sogar in Gefangenschaft geraten. Fast ohne Blickkontakt oder auch im Anstarren werden dann zwischen den Partnern nur noch Stellungnahmen ausgetauscht, eingefahrene Positionen befestigt, Denkergebnisse übermittelt. Der Dialog gleicht einem Ping-Pong-Spiel, wird auf einen Schlagabtausch reduziert, auf jeden Fall seiner austauschenden und integrierenden beziehungsweise klärenden Funktion beraubt. Es geht nicht mehr um einen Prozeß und um ein Ergebnis, das im Zwiegespräch erarbeitet wird. Wenn überhaupt noch zu-

Du könntest ja auch mal was anderes spannend finden als immer nur Bücher...

gehört wird, dann eigentlich nur, um im Fall einer Sprechpause des Gegenübers den nächsten Einsatz zur Wiederholung der eigenen Argumente nicht zu verpassen. Den anderen wirklich gehört und das Gesagte in sich aufgenommen hat man nicht.

DER UNTERSCHIED VON ICH UND DU

Die Liebe lebt vom Dialog. Ich und Du sind Partner im Gespräch: beide zeugen von der Fähigkeit des Menschen, einen anderen Menschen ansprechen und letztlich auch verstehen zu können. Wir könnten gar nicht „Ich" sagen, wenn es kein Gegenüber, kein Du gäbe.

> **Wir brauchen das sprechende, denkende und mitfühlende Du, um uns sowohl im Einklang mit als auch in der Unterscheidung von diesem Du als eigenständige Person zu erkennen und zu akzeptieren**

Wie Licht und Schatten aufeinander bezogen sind, wie der Tag auf die Nacht, der Himmel auf die Erde, so ist auch das Ich auf ein Du bezogen.

Wenn der Mensch ein Du anspricht, dann kommt es zuallererst darauf an, eine Beziehung zu schaffen, also einen Raum zu gestalten, in dem eine Zwiesprache zwischen den zwei sich begegnenden Menschen überhaupt möglich ist, sei sie nun körperlich, seelisch, geistig oder auch sozial. Das Ich als die eine Person ist dabei auf ein Du als eine andere Person gerichtet.

Ich und Du sind Partner im Gespräch

Diese Begegnungssituation unterscheidet sich wesentlich von jener anderen Situation, in der unser Interesse zum Beispiel auf ein Objekt gerichtet ist oder in der es wesentlich auf den Nutzen von etwas ankommt oder um die Durchsetzung von bestimmten Interessen geht.

Das dialogische Prinzip im Gespräch zwischen zwei Menschen, die liebend eine Partnerschaft zu entwickeln suchen, wird aufgehoben, wenn sie diesen Unterschied nicht beachten, wenn das Du also zu einem Gegenstand wird, den man nur benutzt. Wir sagen in einem solchen Fall dann auch völlig richtig zu unserem Gegenüber: „Du behandelst mich wie eine Sache, wie einen toten Gegenstand ohne Gefühle, über den man einfach verfügt, den man nach dem Gespräch wie einen Regenschirm in die Ecke stellt." Der Protest macht deutlich, was geschehen ist. Die menschliche Seite der Beziehung, die Ich-Du-Beziehung ist einseitig unterbrochen, es findet kein Austausch mehr statt, keine Wechselbeziehung.

Die Liebe lebt von der Kommunikation, von Mitteilung *und* Verbindung, wie bereits das Wort Kommunikation lehrt. Kommunikation ist mehr als ein gelungener Wortwechsel. Sie geht von einer Begegnung und – im Hinblick auf das dialogische Prinzip, das ihr zugrundeliegt – von einer spezifischen Qualität der Gesprächserfahrung aus: der Verbindung nämlich zwischen dem Sprechen und dem Zuhören als einem bewegten Fluß in jenem Zwischenraum, in dem zwei Menschen einander etwas mitzuteilen und etwas miteinander zu klären haben.

HANDELN UND BETROFFENSEIN

Handeln (Sprechen) und Betroffensein (Zuhören) sind die Erlebnisweisen jeder wirklichen und wirksamen Kommunikation. Das Handeln des einen mündet in das Betroffensein des anderen und umgekehrt. Der einseitige Wille, nur das eigene Handeln, das eigene Sprechen gelten zu lassen und dem Betroffensein, dem Zuhören auszuweichen, bedroht die Liebe in den Beziehungen. Soll die Liebe in der Beziehung und die Beziehung im Gespräch eine Chance haben, dann muß sich jeder beiden Formen der Wirklichkeitserfahrung stellen: dem Handeln und der Aktivität ebenso wie dem Ausgesetztsein und der Passivität. Das ist leichter geschrieben als getan. In einer Kultur, in der die Selbstbehauptung einen so hohen Stellenwert hat, in der es schon bei den Kleinigkeiten und Bagatellen des Alltags sehr schnell um alles oder nichts, Sieg oder Niederlage geht, kommt die Fähigkeit zur Hingabe nicht nur zu kurz, sondern löst oft auch die existentielle Angst aus, überwäl-

Liebe lebt von Kommunikation, von Mitteilung und Verbindung

Kommunikation = Handeln (Sprechen) + Betroffensein (Zuhören)

tigt zu werden, nicht im richtigen Augenblick effektiv die eigene Chance genutzt zu haben. So wird unterbrochen, statt zugehört, oder übertönt, was uns als Mitteilung erreichen sollte. Partner kommunizieren oft nicht, sondern spielen nach dem Muster „Angriff und Verteidigung" Krieg. Im Grabenkrieg der Beziehung sind Angriff, Blockade, manchmal auch Entzug die beste Verteidigung. Die Bereitschaft, sich wirklich vom anderen antreffen und betreffen zu lassen, also nicht schon gleich mit den eigenen Gefühlen und Gedanken wieder unterwegs zu sein, während der andere noch spricht, sich also für das Betroffensein, Erleiden oder Erdulden in der Beziehung in gleicher Weise zu öffnen wie für das Handeln, diese Bereitschaft ist gefährdet. Eine menschliche Selbstentfremdung hat uns alle erfaßt. Welcher Lehrer, welche Lehrerin, welche Eltern hören einem Kind wirklich zu? Welcher Arzt einem Patienten? Welcher Vorgesetzte läßt sich von einem anderen, der ihm nur der Funktion nach, aber nicht als Mensch, untergeordnet ist, wirklich erreichen? Handeln und Betroffensein sind eine Einheit in der Kommunikation. Diese Einheit darf im Dialog, im Zwiegespräch grundsätzlich nicht auseinanderbrechen.

Betroffensein heißt, die Auswirkungen des eigenen Tuns beim Sprechen zu empfinden, sich in die spezifische Lage des anderen zu versetzen, die dadurch ent-steht, daß man selbst in der Rolle des Handelnden ist. Betroffen zu sein und die Mitteilungen des anderen zu akzeptieren heißt aus dem Blickwinkel des vom Tun Betroffenen, also des Zuhörers: sich von den Auswirkungen überhaupt erst einmal erreichen zu lassen und nicht insgeheim schon auszusteigen und nur noch auf einen Rollentausch zu warten, um es dem anderen dann heimzuzahlen.

Diesem dialogischen Prinzip in der Gesprächsbeziehung weichen wir oft nicht nur durch innere Verweigerung aus, indem wir etwa dem anderen nur äußerlich das Ohr leihen, sondern beispielsweise auch dadurch, daß wir, während der andere mit und zu uns spricht, uns permanent Bilder von unserem Gegenüber machen oder mißtrauisch danach suchen, was wohl eigentlich hinter seinen Worten steckt, also zwischen den Zeilen steht. Mit Hilfe dieser Bilder und Hinter-Gedanken sichern wir uns ab, um uns der Auswirkung des Gesagten auf uns zu entziehen. Wir glauben schon vorher zu wissen, was der andere sagen wird. Zu diesem Mittel der Absicherung greifen wir besonders dann, wenn wir unsere eigenen Interessen im Gespräch verletzt sehen, wenn uns unser Gegenüber verdächtig friedlich vorkommt, während wir etwas ganz anderes erwartet haben.

Man muß zuhören, ehe man auf eine Mitteilung verbindend-verbindlich antworten kann

Man muß wirklich verstehen lernen, ehe man sich verständigen kann, wirklich zuhören, ehe man auf eine Mitteilung verbindend-verbindlich antworten kann. Eine Frage an uns selbst könnte deshalb einem Gesprächs- und Beziehungskonflikt klärend auf die Sprünge helfen: Bin ich in diesem Augenblick als aktiv Handelnder, der die Beziehung verändern will, im Spiel oder als passiv Betroffener, der die Beziehung gespiegelt bekommt und erleidet? Und: ist meine Aktivität oder Passivität wirklich auf den Partner gerichtet oder mehr eine Selbstbetrachtung und Selbstdarstellung? Bin ich statt im Dialog vielmehr im Monolog?

Jedes Angehen eines Konflikts, bei dem Handeln und Betroffensein voneinander getrennt werden, bewirkt nur eine Scheinlösung, die nicht von langer Dauer ist. Das dialogische Prinzip in der Beziehung beruht wie auch die Liebe selbst auf einem Ent-

werfen und einem Akzeptieren; es erkennt diese doppelte Struktur an, innerhalb derer jedes Gespräch stattfindet. Sprechen und Hören, Geben und Nehmen, Starksein und Schwachwerden, im Recht sein und Falschliegen – diesen Wechsel zu leben fällt uns allen schwer. Nach kurzer Zeit des Zuhörens brennen wir darauf, selbst etwas zu sagen, zu unterbrechen, aus der passiven Phase des Betroffenseins in die aktive Phase des Sprechens und Handelns zu kommen. In der Regel fällt es uns schwerer zuzuhören, es sei denn, wir sind ohnehin in die resignative Rolle des Opfers geschlüpft und harren dort der Dinge, die unserer Meinung nach ja ohnehin kommen. Meistens drängt es uns, in der Antwort wieder zum Täter zu werden. Wir alle kennen die aus der Dominanz der kämpfenden Selbstbehauptung resultierenden symptomatischen Störungen in Beziehungsdiskussionen, diese endlosen Kämpfe um das erste oder letzte Wort, die Suche nach der besseren Verletzungstechnik, die zu lauten und zu leisen Stimmen, die ein Gespräch verunmöglichen, die unterschiedlichen Drohgebärden und die grenzenlose Angst, möglichst nicht als der Verlierer oder Verlassene von der Beziehungsbühne abzutreten, wenn sich das Ende einer lebbaren Liebe ankündigt.

NÄHE UND DISTANZ, SPRECHEN UND SCHWEIGEN

Damit die Liebe in den Beziehungen leben und überleben kann und unser Leben ausreichende Impulse und Gestaltungsanreize erfährt, müssen wir die ganze komplizierte Wirklichkeit zur Kenntnis nehmen, aus der die Menschen und damit auch unsere Bezugspartner bestehen. Wir müssen die Seinsweisen von Tätigsein und Erleiden, Nähe und Distanz, Einigkeit und Unterscheidung miteinander versöhnen. Mitten durch die Erfahrung hindurch, daß der Faden der Verbindung immer wieder reißt, daß Kontakte abgebrochen werden, daß der Widerspruch von Fressen und Gefressenwerden sehr schmerzt, müssen wir im Dialog und Gespräch immer wieder neu eine Bühne für die Darstellung und das Austragen jener rätselhaften Tatsache schaffen, daß die Wesen, die sich am heftigsten zu lieben glauben, sich zugleich am unerbittlichsten bekämpfen: Mann und Frau oder wer immer in einer Liebesbeziehung um die Balance zwischen Selbstbehauptung und Hingabe an den andern ringt. Wir müssen verstehen und anerkennen können, daß der Partner im Gespräch und in der Beziehung unser Tun und Wirken als Auswirkung auf sich erfährt und daß wir uns der Bedeutung dieser Erfahrung immer nur annähern können. Niemand, auch nicht der Liebende, steckt in einem anderen Menschen, kann erfahren und erleben wie er. In dem Schrei „Verstehst du denn nicht – oder willst du eigentlich nicht verstehen?" zeigt sich die darin liegende Not. Menschliches Leben und Sprechen ist ohne die Fähigkeit zur Rückkoppelung nicht denkbar. Diese Rückkoppelung ist aber dem Gespräch nur dann dienlich, wenn beide Partner ihre jeweilige Seinsweise als Auftrag zur Mithilfe und Korrektur an der Gestaltung der Liebesbeziehung annehmen.

Wir müssen Nähe und Distanz, Einigkeit und Unterscheidung miteinander versöhnen

HOFFNUNG AUF VERÄNDERUNG

Was ist gefordert, damit wir uns zum Gespräch hin öffnen und weniger Energie dafür verwenden, das eigentliche Gespräch durch Beziehungsfallen zu verhindern? Wir müssen ganz offensichtlich mehr aus dem eigenen Sicherungssystem heraustreten und schöpferisch aus der konkreten Situation heraus und bezogen auf das gemeinsame Ziel handeln, oft ohne Planung oder Sicherheit. Eine solche grundsätzliche und offene Gesprächsbereitschaft enthält auch die Gefahr, verwundet zu werden. Wir können diese Verwundung nicht von vornherein ausschließen und müssen im Gespräch dieses Ri-

Eine offene Gesprächsbereitschaft enthält auch die Gefahr, verwundet zu werden

siko auch eingehen. Der rettende Einfall in einem Gespräch kommt häufig nicht ohne Not. Oft ist es der Stolz, der ihn verhindert, oder die Verzweiflung und Angst, den anderen zu verlieren, die plötzlich die Blokkade löst und jenem rettenden Einfall Einlaß gewährt. „Wir müssen lernen, die Menschen weniger auf das, was sie tun und unterlassen, als auf das, was sie leiden, anzusehen" (Bonhoefer). Liebe ist jene Weise des Lebens, die um eine optimale Entfaltung

> **Liebe braucht Beziehung, Beziehung bedarf der Partnerschaft, die Partnerschaft ist ohne Dialog und Gespräch nicht denkbar. Das Gespräch aber will geübt sein**

Liebe lebt von Veränderung

des Spielraums besorgt ist. In der Kommunikation bedarf sie sowohl einer Ordnung, die das Wechselspiel erlaubt, wie des Spontanen und Überraschenden, das die alten Muster überwinden hilft. Nur wer hoffen kann, daß der Mensch zu grundlegenden Veränderungen fähig ist, kann auch lieben und sich im Gespräch mit anderen zuwenden. Erst wenn wir aufhören, den anderen beherrschen und überrumpeln zu wollen, wird die Gegenwart von Liebe möglich. Die wissende Liebe, die den anderen

verstehen lernt, schlägt nicht blind zurück, wendet sich nicht achselzuckend ab oder erniedrigt den Partner, sondern sieht im Gegenüber wie in einem Spiegel auch das eigene Gesicht. Wir sind auf diesen anderen Menschen um unserer selbst willen angewiesen. Dies ist der tiefe Sinn, weshalb wir trotz allem das Wagnis eingehen, die Energie der Liebe in der Struktur einer Beziehung zu leben, in der wir uns liebend und leidend auf ein Gegenüber beziehen.

Wer einen Menschen erkennen will, wie er wirklich ist, muß sich ihm aussetzen, im Zusam-

menleben wie im Gespräch. Im Prozeß der damit verbundenen Bewegung, des gemeinsamen Wachsens und der akzeptierten Differenz ist Hoffnung und Liebe erlebbar. Im gestaltenden Austausch mit den Strukturen der Beziehung, in ihrer Veränderung, im ständigen Wechsel von Chaos und Ordnung ist Liebe der Mut zum langen Atem, den man vor allem für das gegenseitige Zuhören braucht.

Das Gespräch üben – aber wie?

Neun Zehntel des Informationsaustausches in der Paarbeziehung finden unbewußt statt, haben Wissenschaftler herausgefunden. Nur ein Zehntel wird im Gespräch mitgeteilt. Vielleicht mildert dieses Wissen den Schrecken über ein anderes Untersuchungsergebnis. Danach reden Paare in den USA (auch bei uns?) im Schnitt nur vier Minuten am Tag miteinander

DAS GESPRÄCH – ZENTRUM DER PARTNERSCHAFT

Für das Gelingen einer Partnerschaft kommt es weniger auf die äußeren Umstände an, sondern vor allem darauf, wie ein Paar miteinander sprechen kann. Geglückte Kommunikation bereichert die Partnerschaft, mißlungene beschädigt oder zerstört sie. Das Gespräch muß trainiert werden. Wie man damit beginnt, zeigen wir hier

Das Gespräch ist der Ort, an dem sich Mißverständnisse zu schwer entwirrbaren Konflikten aufschaukeln und ungelöste Konflikte das Scheitern einer Beziehung vorbereiten. Das Gespräch ist aber zugleich das wichtigste Mittel, eine Beziehung sich entwickeln und wachsen zu lassen. Die unterschiedlichsten psychologischen Schulrichtungen haben dies erkannt. Als die Zeitschrift „test" der Stiftung Warentest im August 1993 30 Partnerschaftsbücher vorstellte, bemerkten die Tester – Pädagogen, Eheberater, Psychologen, Psychotherapeuten, Ärzte und 50 „Betroffene" –, daß moderne Ratgeber überwiegend beim Gesprächsstil in der Paarbeziehung ansetzen und weniger etwa bei unterschiedlichen Verhaltensweisen von Mann und Frau. Lange Zeit standen bei der Einschätzung der Risiken für eine Partnerschaft vor allem allgemeine Bedingungen wie Arbeitslosigkeit, finanzielle Schwierigkeiten, zu kleine Wohnungen oder individuelle Eigenschaften, beispielsweise das Temperament des Partners, im Vordergrund. Dagegen hat sich gezeigt, daß es für das Gelingen einer Beziehung weniger auf die äußeren Umstände als vielmehr auf die Fähigkeiten des Paares ankommt, mit Schwierigkeiten umzugehen, das heißt auf die Art, wie es auch unter Streß miteinander reden kann.

„Konstruktiv reden lernen", in diesem Ziel ist sich die Partnerschaftsliteratur einig. Vage aber sind die Antworten auf die Frage nach dem Wie. Es gibt wohl eine Reihe Bücher, die jede Menge aktuellen Gesprächsstoff für die Partnerschaft im Alltag liefern: Rollenverteilung ungewollte Schwangerschaft, Gewalt usw. Die Gesprächsfähigkeit des Paares selbst wird dabei jedoch nur selten thematisiert. Aber auch bestechende Analysen von Mißverständnissen, Streitigkeiten oder Sprachlosigkeit in der Beziehung, einschließlich guter Ratschläge für das Gespräch zu zweit, nützen wenig, wenn es an einer *konkreten* und *erprobten Anleitung* fehlt, wie ein partnerschaftliches, konstruktives, Probleme lösendes Gespräch denn eingeübt werden kann.

> „Wenn jemand hungert, gib ihm keine Fische, lehre ihn zu fischen."
> **Chinesisches Sprichwort**

KOMMUNIKATIONS-TRAINING FÜR PAARE

Wir sind auf einen in der „test"-Liste noch nicht aufgeführten Titel gestoßen, der für unser Projekt – einen Fernsehkurs für Paare und ein Buch als Begleitmaterial zu entwickeln – eine Reihe unschätzbarer Vorzüge aufzuweisen hat: Joachim Engel und Franz Thurmaier beschreiben in ihrem Buch „Wie redest du mit mir?" (Freiburg 1992) ein Kommunikationstrainingsprogramm für Paare, das als Modell aus den USA übernommen und im Münchener Institut für Forschung und Ausbildung in Kommunikationstherapie auf deutsche Verhältnisse zugeschnitten wurde.

■ EPL-Kurse

Ehevorbereitungskurse mit der Abkürzung „EPL" (ein partnerschaftliches Lernprogramm) finden seit einigen Jahren vor allem in kirchlichen Institutionen statt. Das Programm bietet weniger Diskussionsthemen für Paargespräch, will auch nicht auf die Wertvorstellungen von Paaren heute einwirken, sondern trainiert statt dessen ein partnerschaftliches Gesprächsverhalten mit Hilfe von psychologisch begründeten Zuhörer- und Sprecherregeln. Da es keine umfangreicheren und längerzeitigen Wirkungskontrollen von Partnerschaftstrainings als die amerikanischen und deutschen zu diesem

Programm gibt, können die Autoren mit Stolz feststellen, daß ihre Ergebnisse (beispielsweise Scheidungshäufigkeit in EPL-Gruppen 1,6 %, in Vergleichsgruppen hingegen 16,7 % nach drei Jahren) die weltweit erfolgreichsten sind.

In der Tat machen EPL-Kurse Spaß, ihr Gesprächs-Konzept ist ohne weiteres einleuchtend, das Programm vor allem übungsintensiv. Es ist sehr empfehlenswert für Paare, in deren Nähe EPL-Kurse angeboten werden.

Partnerschaftliches Gesprächsverhalten läßt sich lernen

Daß EPL-Kurse nur als Gruppenprogramm konzipiert sind und nicht auch als Anleitung für Paare, die für sich allein zu Hause üben wollen, ist leider ein Mangel. Außerdem richtet sich der Kurs nur an junge Paare, die noch keine oder eine erst kurze Eheerfahrung haben. Dieser Punkt bedingt wohl auch einen weitgehenden Verzicht auf die Analyse von eingefleischten Partnerproblemen. Diese konzeptionelle Sparsamkeit, der Verzicht auf „psychologischen Ballast" scheint zum Teil aber auch auf sparsame Kostenvorgaben der Kursanbieter zurückzugehen. Der Einsatz der erforderlichen zwei Trainer für vier Paare ist kostenintensiv, der Kurs als Ausgleich entsprechend kurz und kompakt gehalten.

■ Kurs „Partnerschaft leben lernen"

Wenngleich unser Kurs „Partnerschaft leben lernen" sich auch auf wichtige Elemente dieses erfolgreichen amerikanisch-deutschen Programms stützt, können Sie unsere Beziehungsschule im Gegensatz zu EPL-Kursen nutzen, unabhängig davon,

■ ob Sie erst auf eine feste Partnerschaft zusteuern oder schon lange verheiratet sind oder vielleicht schon erwachsene Kinder haben,

■ ob Sie das Buch als selbständige Anleitung ohne Vorkenntnisse oder als Begleitbuch und zur Vertiefung der Fernsehserie oder des gleichnamigen Videos verwenden wollen.

Im Hinblick auf seine praktische Verwendbarkeit als Kursprogramm für zu Hause unterscheidet sich dieser Ratgeber ganz wesentlich von allen anderen 30 Partnerschaftsbüchern, die „test" vorgestellt hat.
Angesichts der Durchschnittsgesprächszeit von vier Minuten, die sich Paare heutzutage zu gönnen scheinen, wäre eine für beide befriedigende Art der Aussprache

Statistischer Durchschnitt: vier Minuten Gesprächszeit pro Tag

allein über sachliche Probleme bereits ein Gewinn. Vor allem, wenn man bedenkt, wie oft manchmal selbst allerkleinste Fragen zum Krach führen können, wenn nämlich ungeklärte Probleme daranhängen und nach oben drängen.

Der eigentliche Gewinn aber, der im regelmäßigen Paargespräch liegt, ist viel weitreichender:

Der Paartherapeut Michael Lukas Moeller hat die Chancen des Paargesprächs aus jahrelanger Erfahrung sehr beeindruckend beschrieben. Stummheit oder Dauerstreit sind nur die beiden Seiten derselben Medaille, wenn Paare in einen doppelten Teufelskreis geraten: Die heutigen Lebensumstände, Konzentration auf den wirtschaftlichen Leistungszwang in der Familie, überlastete Mütter, Freizeit als Zerstreuung und Fernsehen als Ablenkung von sich selbst fördern die Sprachlosigkeit. Eine daraus resultierende zu geringe Abstimmung unter den Partnern über Bedürfnisse führt zu Enttäuschung, Mißstimmung und dazu, daß sie noch weniger miteinander reden.

22

Der mangelnde Austausch von Bedürfnissen führt andererseits auch zum Abflauen erotischer Gefühle, dem letzten Rettungsanker schon gestörter Beziehungen. Aus dem Erlahmen der Erotik folgen zusätzlich Enttäuschung, Gereiztheit, Dauerstreit oder resigniertes Schweigen. Nichts geht dann mehr.

Dagegen belegen unzählige Paarerfahrungen, wie regelmäßige, unter ganz bestimmten Bedingungen geführte Zwiegespräche bewirken, daß in einer Atmosphäre von Offenheit und Vertrauen die Partner sich selbst und wechselseitig besser kennenlernen, ihre Wünsche abzustimmen lernen, Geborgenheit finden, eine gewagtere Entwicklung möglich wird, Mißstimmungen vergehen und die Erotik aufblüht. Nimmt man die Tatsachen zusammen, daß Beziehungsprobleme ebenso wie das Problem der Nicht-Beziehung (Vereinzelung) Krankmacher Nr. 1 sind und heutzutage schon jede dritte Ehe geschieden wird (mit weiter steigender Tendenz), dann wird verständlich, warum Therapeuten wie Michael Lukas Moeller die *Beziehungsbildung* als die bedeutendste Bildung im menschlichen Leben überhaupt ansehen. Natürlich hat das „Zwiegespräch nach Regeln" nichts zu tun mit den fruchtlosen Diskussionen von „Beziehungskisten". Darin will einer dem Partner weismachen, wie dieser wirklich ist. Es geht dann nicht ums Mitteilen, sondern um fruchtloses Reden,

das ein innerlich erlebtes ohnmächtiges Ausgeliefertsein bewältigen soll. Oder um eine „Einfühlungsgier", die aber mit dem Wunsch, das Leben des anderen mitzuerleben, nicht mehr viel zu tun hat, sondern den anderen durch „Liebe" zum Besseren bekehren will.

Grenzenlos ist zwar das Verlangen der Menschen, die Liebe möge sich von selbst ereignen. Außer während einer kurzen Anfangszeit der Beziehung tut sie dies aber nicht und kann es auch nicht – unter den harten gesellschaftlichen Bedingungen von heute. Wir selbst müssen für ihre äußeren und inneren Bedingungen immer wieder neu sorgen.

■ Das Kursprogramm

Wir möchten Ihnen zeigen, wie Sie durch das Kennenlernen alltäglicher, aber folgenschwerer Beziehungsfallen und das Einüben von wirkungsvollen Sprecher- und Zuhörerregeln Ihrer Partnerschaft nicht nur mehr Stabilität, sondern auch die Chance dauernden Wachstums und liebevoller Entfaltung mit Ausstrahlung auch auf Kinder und Umwelt geben können. Dabei können Sie dieses Buch entweder, seinem Aufbau folgend, als einen eigenen Kurs verstehen, in dem Sie in aller Ruhe von einem Kapitel zum nächsten übergehen, wenn Sie mit dem Programm und den Übungen des vorausgegangenen gut zurecht gekommen sind. Oder Sie nutzen es als

Der mangelnde Austausch von Bedürfnissen führt auch zum Abflauen erotischer Gefühle

Paargespräche geraten oft in Beziehungsfallen

Nachschlagewerk beziehungsweise zur Vertiefung, wenn Sie den Kurs der *Bremer Gesundheitswerkstatt* im Fernsehen verfolgen oder mit der Videokassette üben. In den nächsten Kapiteln machen wir Sie mit den sechs wichtigsten Beziehungsfallen bekannt, in die Paargespräche immer wie-

der geraten. Es handelt sich dabei meist um eingefleischte Einstellungen und Gesprächsmuster, die so hartnäckig sind, daß wir sie unter Umständen ein Leben lang nicht von allein durchschauen oder vermeiden lernen, obwohl oder gerade weil sie Gespräche mit gespenstischer Regelmäßigkeit immer wieder auf gleiche eskalierende Weise in der Sackgasse, also in Streit und Verärgerung, enden lassen. Von Kapitel zu Kapitel stellen wir Ihnen zugleich Gesprächsregeln für eine produktive partnerschaftliche Kommunikation vor und begründen sie ausführlich. Es handelt sich um vier Regeln fürs richtige Sprechen und vier fürs richtige Zuhören, welche die Beziehungsfallen vermeiden helfen. Einige sind Ihnen vielleicht schon geläufig, wenngleich es in

Regeln fürs richtige Sprechen und Zuhören helfen Beziehungsfallen vermeiden

unserem Kurs auf die bestimmte Art ihrer Anwendung im Partnergespräch ankommt. Andere werden Ihnen zunächst befremdlich, vielleicht sogar unnatürlich erscheinen, bevor Sie ihren großen Nutzen kennenlernen.

Woher die paar- und selbstzerstörerischen, unter Umständen bis zum Tode krank machenden Verhaltensweisen eigentlich kommen, die Beziehungsfallen aufstellen und zuschnappen lassen, zeigen ausführliche Hintergrundbetrachtungen.

In allen Kapiteln geben wir Ihnen außerdem einige Übungsanleitungen mit Themenvorschlägen für Ihr „regelrechtes" Paargespräch. Anfangs sollen die Themen noch von mäßiger Brisanz sein, damit Sie eher spielerisch üben und sich Ihre Aufmerksamkeit ungestört auf die Einhaltung der Regeln richten kann. Später wenden Sie die Regeln und ein von uns vorgeschlagenes Problemlösemodell dann auf Themen Ihrer Partnerschaft an. Außerdem schlagen wir Ihnen vor, sich solche zentralen Themen wie „Erwartungen an die Partnerschaft" oder „Erotik und Sexualität" im regelgerechten Paargespräch zu erschließen. Das letzte Kapitel vertieft den immer noch viel zu wenig beachteten Zusammenhang zwischen Paarbeziehung und Gesundheit beziehungsweise Krankheit. Denn schlechte Beziehungen gelten als Krankmacher Nr. 1, noch vor allen anderen möglichen Verursachern.

PAARGESPRÄCHE IN DER ÜBUNGSPRAXIS

Ziel dieses Ratgebers ist in erster Linie, Sie auf Beziehungsfallen aufmerksam zu machen und Ihnen Übungen anzubieten, durch die Sie sich einen fairen, partnerschaftlichen Gesprächsstil angewöhnen können. Ein solcher Gesprächsstil ist erwiesenermaßen die beste Gewähr für eine über Jahre anhaltende Zufriedenheit in der Partnerschaft.

Beim Einüben der in den folgenden Kapiteln beschriebenen Sprecher- und Zuhörerregeln unterscheiden wir nicht danach, ob Sie mit den Regeln sogenannte Sachthemen besprechen (wie Organisationsfragen des Haushalts, der Finanzen, wohin Sie in den Urlaub fahren oder auf welche Schule Sie Ihr Kind schicken wollen) oder ob Sie die Regeln nutzen, um sich ohne Ängste, Beschuldigungen und Aggressionen, also offen und vertrauensvoll über Ihre Gefühle, Wünsche und gegenseitigen Erwartungen auszutauschen.

Für das Gelingen der regelgerechten Paargespräche sind einige äußere Bedingungen sehr wichtig. Dazu nun mehr.

▓ Zeit

Die wichtigste Voraussetzung ist, daß Sie sich ausreichend Zeit für ein Gespräch nach Regeln nehmen. Ein Buch zu kaufen und sich dann auch noch die Zeit zum Lesen zu nehmen ist heute schon bemerkenswert. Dieses Buch dann auch noch konsequent als praktische Anleitung für eine regelmäßige und dauerhafte Veränderung seines Lebens zu gebrauchen, das erfordert doch einige Entschiedenheit, nicht zuletzt im Umgang mit der Zeit. Denn in der Tat ist der „Mangel an Zeit" die Hauptursache für die meisten Übel. Weil der biologisch vorgesehene Wechsel von Leistung und Erholung, Anspannung und Entspannung, aus „Zeitgründen" immer mehr aus dem Leben verschwindet, sind wir beispielsweise gezwungen, uns die Zeit für das Erlernen einer Entspannungsmethode wie des Autogenen Trainings zu nehmen. Beziehungsratgeber wären aller Wahrscheinlichkeit nach kaum nötig, wenn wir heute in einer Welt aufwüchsen, in der wir uns angemessen Zeit für die Wahrnehmung unserer selbst und der Menschen um uns herum nehmen könnten. Ebenso wie wir – um nicht krank zu werden – kaum darum herumkommen, uns im nachhinein für die verlorengegangene Fähigkeit der natürlichen Entspannung die Zeit zum Erlernen des Autogenen Trainings zu nehmen, werden wir eine echte dauerhafte Verbesserung unserer Partnerschaft nur erreichen, wenn wir eine angemessene Zeit dafür aufwenden.

Sich im Gespräch nach Regeln näher zu kommen, sich dem anderen zu öffnen und von ihm offen aufgenommen zu werden ist

Wichtig: ausreichend Zeit fürs Regel-Gespräch

ein schönes Erlebnis. Das ungewohnte Vorgehen in solch verabredeten Gesprächen ist aber auch anstrengend, es bedeutet eine seelische Anstrengung. Hat ein solches Gespräch erfolgreich stattgefunden, ist man hinterher meistens sehr zufrieden mit sich, seinem Partner und der Beziehung. Vorher scheuen Sie oder Ihr Partner vielleicht die Anstrengung des intensiven Gesprächs und dann halten alle möglichen plausiblen Gründe für eine Verschiebung her. Diese Gefahr sollten Sie kennen.

derthalb Stunden dauern (weil länger die volle Aufmerksamkeit schwer zu halten ist), aber auch nicht allzuviel kürzer sein. Ein intensives Paargespräch verliert unter Zeitdruck seinen Sinn. Sich verständlich zu machen und sich in den Partner einzufühlen, Probleme bis zu einer für beide befriedigenden Klärung zu bringen, das braucht seine Zeit. Zunächst geht es aber um das reine Eingewöhnen in die Regeln, und dafür werden Sie weniger Zeit brauchen als später für echte eigene Themen.

■ Streit

So notwendig ein regelmäßiger Zeitpunkt für ein gutes Gespräch ist, das die Entwicklung des Paares fördert und die Gefahr der Entfremdung und Enttäuschung bannt, so unglücklich ist es doch, wenn dem Gesprächstermin unmittelbar ein erregter Streit vorausgegangen ist. Gerade dann, könnte man meinen, müßte es aber doch gut sein, ein Gespräch nach den Regeln zu führen, um aus dem unfruchtbaren Streit wieder herauszufinden. Diese Gesprächsregeln, von denen die nächsten Kapitel handeln (und die Sie komplett auf einem heraustrennbaren Faltblatt – das Sie in Dachform über einen Karton legen sollten – im Anhang finden, damit sie während Ihrer Gespräche zur Erinnerung zwischen Ihnen stehen können) sind allerdings keineswegs Richtlinien zur Klärung von „Recht und Un-

Ich geh' ins Bett, du Langweiler!

Geh doch, dann hab' ich endlich meine Ruhe!

Einmal die Woche einen Termin festsetzen

Deshalb ist es gut, für ein regelmäßiges Gespräch, das nach unserer Vorstellung auch nach dem Einüben der Regeln fortgesetzt werden sollte, einmal in der Woche einen Termin festzusetzen und zusätzlich vorher für den Fall einer notwendigen Verschiebung einen Ersatztermin zu vereinbaren.

Ein solch intensives Partnergespräch sollte nicht länger als an-

recht" im Streitfall. Unmittelbar nach einem Krach ist deshalb der ungünstigste Zeitpunkt für ein regelrechtes Gespräch, weil wir dann oft noch unwillkürlich darauf aus sind, dem anderen die Meinung zu sagen, ihm unsere Sicht der Dinge aufzuzwingen. Die oft damit verbundenen Beleidigungen und Abwertungen des Partners drücken das Gegenteil eines gemeinsamen Interesses aus. Es ist mit dieser aggressiven Haltung (die wir übrigens in solchen Momenten manchmal gar nicht selbst wahrnehmen, die aber ohne weiteres durch eine meßbar erhöhte Muskelspannung nachweisbar ist) gar nicht möglich, die Regeln ihrem Geist gemäß anzuwenden. In einem solchen Fall bietet es sich an, das Übungsgespräch auf den zuvor schon festgelegten Ersatztermin zu verschieben.

■ Ort

Der Ort, an dem Sie Ihr regelmäßiges Paargespräch führen, sollte zu Hause und möglichst sicher vor Störungen sein. Schon die Erwartung einer möglichen Störung kann die Qualität Ihres Gesprächs beeinträchtigen. Kinder sollten also nicht in den Raum stürmen und Sie nach Möglichkeit zu dieser Zeit auch nicht herausrufen können. Sind Kinder schon etwas älter, werden sie mit ihren feinen Antennen nicht nur spüren, daß es Ihnen beiden ernst ist mit Ihrem Gesprächstermin, sondern anderntags vielleicht auch wahrnehmen, wie gut ihren Eltern diese Abende getan haben. Sie werden zumindest auf Dauer ihr damit verbundenes eigenes Wohlergehen nicht sabotieren.

Vor Besuchen sollten Sie sich am verabredeten Gesprächstermin ebenso schützen wie vor der Ablenkung durch Telefonanrufe. Da

Vermeiden Sie Störungen von außen!

es während der Übungszeit und erst recht, wenn Ihnen die Zwiegespräche später zur guten Gewohnheit geworden sind, regelmäßig den Punkt gibt, an dem Sie beide merken, daß Sie sich einander geöffnet haben und die Beziehung „lebt", wäre es schade, wenn Sie ein Telefonat aus dieser vertrauensvollen Atmosphäre herausreißen würde. Weil diese Gespräche von der uneingeschränkten Aufmerksamkeit für sich selbst und den Partner leben, ist es auch nicht ratsam, sie beispielsweise auf eine Autofahrt zu verlegen. Sie sollten sie auch nicht beim gemeinsamen Essen führen, für das Sie sich besser gesondert Zeit nehmen, um den Sinnen Sehen, Riechen und Schmecken ihre volle Entfaltung zu erlauben.

Hilfreich: das Gespräch nach bestimmten Ritualen beginnen

■ Rituale

Es war nicht ganz zufällig, daß wir bei der Erörterung der Zeitfrage für das Gespräch das Autogene Training herangezogen haben. Es ist ein Beispiel dafür, daß es zum Erlernen einer Methode, die uns mit der Entspannung Ruhe und Konzentration zurückbringen soll, zunächst schon Ruhe, Konzentration und damit Zeit braucht. Ebenso gilt: Partnerschaft leben lernen, sich selbst und den Partner im Gespräch besser wahrnehmen zu lernen, setzt neben den Regeln die partnerschaftliche Zuwendung und das Zurückholen der Zeit dafür schon voraus. Das

Sitzen Sie möglichst einander gegenüber

Kunststück, das uns angesichts der vielfältigen aufeinanderfolgenden und oft sich sogar überlagernden Tätigkeiten im Alltag gelingen muß, ist der *Übergang,* und zwar der möglichst *kurze Übergang* von einer Tätigkeit, die unsere Aufmerksamkeit und Sinne ganz in Anspruch nimmt, zu einer anderen wie dem Paargespräch. Dabei helfen *Rituale:* Das Schulkind, das vom Spielen kommt, räumt sich den Schreibtisch frei, legt Bücher und Hefte zurecht, sucht Stifte und Farben zusammen und beginnt mit den Hausarbeiten vielleicht immer dann, wenn ihm die Mutter auch noch einen Apfel oder ein Getränk dazugestellt hat. Auch das Partnergespräch braucht solche Rituale, die eine vorangegangene Tätigkeit abschließen und eine neue vorbereiten. Man muß sich zunächst von etwas frei machen, um sich für etwas Neues öffnen zu können. Die Vorbereitungen der guten Bedingungen für das Gespräch können solche Rituale des Übergangs sein. Eine Übung des Autogenen Trainings zur Entspannung und Sammlung kann ein solches Übergangsritual sein, oder auch eine Partner- oder Fußreflexzonenmassage. Schließlich müssen Sie vielleicht erst Stühle oder Sessel so zurechtrücken, daß Sie sich während des Gesprächs gegenüber sitzen und sich ansehen können. Nebeneinander auf dem Sofa sitzend kann man sicherlich miteinander *über* etwas sprechen, aber nicht *zueinander von sich.* Erinnern Sie sich: neun Zehntel der Paarkommunikation verlaufen nonverbal.

Vor allem in den ersten Wochen der Einübung sollte es zum vorbereitenden Ritual gehören, die Sprecher- und Zuhörerregeln aus dem Anhang – in Dachform über einen Karton gelegt – zwischen sich aufzustellen und noch einmal in die Erläuterungen auf der Rückseite hineinzuschauen. Wer das Wort begehrt, stellt während des Gesprächs die Regeln zum Rollenwechsel um.

Der Konzentration auf das Gespräch und zur inneren Vorbereitung dient in den Wochen der Einübung auch, daß sich beide Partner zu Beginn die vor ihnen stehenden Regeln gegenseitig mit eigenen Worten erläutern. Damit beginnen Sie die Sensibilisierung für das Besondere, das das dieses Paargespräch vom Alltagsgespräch unterscheidet. Durch all diese Vorbereitungen entsteht so etwas wie ein besonderer Raum zu zweit. „Wenn es losgeht, ist plötzlich eine innere Stille da, eine Aufmerksamkeit auf etwas, was noch gar nicht da ist, was sich erst zeigen wird ...“ Das sind Worte einer Frau, die schon drei Jahre Erfahrungen mit dem Paargespräch hat. (Moeller, Die Wahrheit..., Seite 260). Sie stehen zwar ganz am Anfang. Aber schon nach kurzer Zeit können Sie erste positive Veränderungen in Ihrer Partnerschaft wahrnehmen. Wir wünschen Ihnen viel Freude und eine große Entdeckerlust!

RAHMENBEDINGUNGEN FÜR DAS PAARGESPRÄCH

● Üben Sie einmal pro Woche zu einem festen Termin. Legen Sie vorher für den Notfall einen Ausweichtermin fest. Das Gespräch sollte etwa 90 Minuten dauern
● Üben Sie nicht direkt nach einem Streit
● Üben Sie zu Hause. Versuchen Sie, Störungen von außen zu vermeiden
● Stimmen Sie sich auf das Gespräch ein, beispielsweise durch eine Entspannungsübung. Setzen Sie sich einander gegenüber. Stellen Sie das Faltblatt mit den Gesprächsregeln zwischen sich auf

INDIREKTES REDEN UND BESCHULDIGEN

...ehst du noch was?

Ich finde diese Abendstimmung unheimlich schön. Du nicht?

Hm.

Die Erwartung, daß indirekt oder versteckt geäußerte Wünsche vom Partner schon richtig verstanden werden, trügt meistens. Aus Enttäuschung darüber kommt es häufig zu Vorwürfen und Beschuldigungen. Der Partner reagiert mit Abwehr und Gegenangriff. Wenn die Beziehungsfalle Nr. 1 zugeschnappt ist, weiß keiner so recht, was denn nun eigentlich passiert ist

Du, das ist echt spannend, womit die heutzutage schon arbeiten.

Du könntest ja auch mal was anderes spannend finden als immer nur Bücher...

Du bist doch nur sauer, daß nichts im Fernsehen läuft. Dir würd' lesen auch nicht schaden.

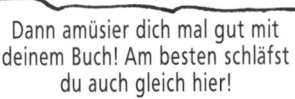

Dann amüsier dich mal gut mit deinem Buch! Am besten schläfst du auch gleich hier!

...as hätt' ich jetzt sowieso getan.

Oh, Scheiße!

BEZIEHUNGSFALLE NR. 1

Die Hoffnung, sich dem Partner auch ohne viele Worte verständlich machen zu können, erfüllt sich meist nicht. Gegen indirektes Reden und Beschuldigungen hilft nur, offen von sich zu sprechen. Damit gesichert ist, daß der Partner versteht, muß er offen zuhören und das Gespräch zusammenfassen

Gabriele und Thomas, sie Krankengymnastin, er Werbegraphiker, erst seit kurzem verheiratet, noch kein Kind. Es sollte ein schöner Abend werden, doch nach kaum fünf Minuten ist die Situation zwischen den beiden derart verheddert, daß Gabriele total verärgert ins Bett geht und Thomas ratlos zurückbleibt.

Was ist geschehen? Uns Außenstehenden ist vielleicht sofort klar, daß Gabrieles Sorge um die Augen ihres Mannes eigentlich meinte: „Du, ich habe Lust, mich mit dir zu unterhalten" oder „Laß uns doch noch ein bißchen spazierengehen." Nur, *gesagt* hat sie das nicht. Und Thomas, ganz in sein Buch vertieft, reagiert nur auf das, was er *hört:* Ihm reicht das Licht zum Lesen! Wenn einer sich „indirekt" ausdrückt und der andere nur „halb zuhört", schafft das Mißverständnisse, die Falle ist schon halb zugeschnappt.

Gabrieles indirekte Äußerung von Wünschen geht weiter, schon ein bißchen mißmutig. Wieder spricht sie nicht von sich, von ihren Interessen, sagt nicht eindeutig: „*Ich* würde gern mal mit dir reden."

Thomas, der Gabrieles Stichelei wahrnimmt, aber nicht nachfragt, fühlt sich gestört und stichelt zurück: „Es läuft wohl nichts im Fernsehen?!" Schon ist der Krach da, die Falle schnappt endgültig zu – Ende der Kommunikation und: Keine Chance mehr für eine partnerschaftliche Verständigung.

Vielleicht hat die untergehende Sonne Gabriele an ein besonders schönes gemeinsames Erlebnis erinnert; gesagt hat sie es nicht. Aus Erfahrung frischer Verliebtheit, als schon das Kreuzen der Blicke den Adrenalinspiegel im Blut steigen ließ, rührt die Erwartung: Er wird mich schon verstehen, er muß doch genauso empfinden wie ich.

> Es sind fast immer Sätze, die mit „du" anfangen, die die Verständigungsbereitschaft sinken lassen und schließlich – wenn die Partner merken, daß nichts mehr weiterführt – zu Beschuldigungen, Beschimpfungen und Beleidigungen gut sind. Du-Sätze leiten in den meisten Fällen Schuldzuweisungen und Vorwürfe ein

Vielleicht war es für Thomas sehr schwer, das neue Buch, um das sich alle in der Firma reißen, für diesen einen Abend zu bekommen – erzählt hat er es nicht. Muß Gabriele hellsehen können? „Du könntest ja auch mal was anderes spannend finden als Bücher!", „Du Langweiler!" Nach solchen Sätzen geht der Partner in die Abwehr und zahlt mit gleicher Münze zurück: „Du bist doch nur sauer, weil nichts im Fernsehen läuft!"

Beschuldigungen und Vorwürfe aber gehen von der Vorstellung aus: Ich habe recht (mit meinen liebevollen Gefühlen bei diesem Sonnenuntergang oder angesichts der Schwierigkeit, das Buch für diesen einzigen Abend zu ergattern), und du hast unrecht in deiner Unsensibilität. Gegenseitige Schuldzuweisungen sind aber in der Partnerschaft äußerst unproduktiv.

Gegen diese selten durchschaute, aber immer wieder praktizierte Kommunikationsstruktur hilft nur eins, nämlich die Erkenntnis: *Ich bin nicht du und kenne deine Gründe nicht.* Ich spekuliere nicht, ich rate nicht. Ich äußere meine Gefühle, meine Wünsche direkt. Je mehr ich von mir spreche, desto mehr kann ich mich für meinen Partner einfühlbar und verständlich machen. Ich bringe meine Wünsche vor, ohne damit Vorwürfe und Beschuldigungen des Partners zu verbinden. Ich werde also immer seltener sogenannte Du-Sätze bilden, statt dessen immer häufiger in der

Ich-Form reden. Dadurch wird der Partner mir offen zuhören können, ohne unterdessen schon nach Rechtfertigungen und Verteidigungsargumenten zu suchen und ohne bei sich Groll aufsteigen zu lassen, der das Gefühl und den Verstand beengt. So hat bei uns die Beziehungsfalle Nr. 1 keine Chance!

Von sich reden: Sätze in Ich-Form verwenden!

KOMMUNIKATIONS-REGELN FÜR DAS PAARGESPRÄCH I

Man kann davon ausgehen, daß die meisten Beziehungsprobleme Kommunikationsprobleme sind. Das Ausstrahlen, Empfangen und Verarbeiten von Signalen durch Sender und Empfänger funktioniert dann nicht richtig. Durch das Einüben und Beachten bestimmter Kommunikationsregeln wollen wir erreichen, daß nicht länger unzulänglich übermittelte Informationen (beispielsweise durch indirektes Reden) fehlerhaft aufgenommen und verarbeitet werden (zum Beispiel durch nicht richtiges Zuhören).

Beim Anschauen des Comics kann der Eindruck entstehen, daß Gabriele, indem sie ihre Wünsche indirekt äußert, an diesem Abend die Alleinverantwortliche für das Mißlingen der Kommunikation ist. Das ist aber keineswegs so. Thomas zeigt in seiner knappen Art zu antworten und seinem Verzicht auf echte Nach-

Wichtig: die eigenen Wünsche und Gefühle direkt äußern

fragen, daß er sich nicht besonders anstrengt, Gabriele zu verstehen. Als er zum Schluß mit seinem Buch allein dasitzt, ist er zu erbost und gekränkt, um sich selbstkritisch einzugestehen, daß er Gabriele keinen einzigen Augenblick lang seine ungeteilte Aufmerksamkeit geschenkt oder ihre Verstimmung durch Nachfragen aufzuklären versucht hat. Nur wenn sich *beide gleichzeitig bemühen,* die Gesprächsregeln, die wir hier vorstellen, als jeweils Redende oder Zuhörende anzuwenden, ist eine gemeinsame positive Entwicklung der Beziehung möglich. Der ansonsten lobenswerte Vorsatz „Ich gehe mit gutem Beispiel voran, dann wird sich mein Gegenüber schon von mir anstecken lassen" führt hier erfahrungsgemäß zu Frust und Abbruch der Bemühungen.

Zur Vermeidung der *Beziehungsfalle Nr. 1 (Indirektes Reden und Beschuldigungen)* üben wir im partnerschaftlichen Gespräch als Sprechende und Zuhörende (Sender und Empfänger einer Botschaft) zunächst folgende Regeln ein:

Die indirekte Ausdrucksweise soll uns schützen

Erst aufmerksam zuhören, dann reden

KOMMUNIKATIONS-REGELN I

● *beim Reden:* sich öffnen, von sich reden
● *beim Zuhören:* offen zuhören und zusammenfassen

■ Erläuterungen zu den Regeln

Warum haben wir so oft Schwierigkeiten damit, unsere Gedanken, Gefühle und Wünsche dem Partner frei und offen mitzuteilen? Die indirekte Ausdrucksweise soll uns den Rückzug offenhalten, sie schützt uns vor brüskierender Abweisung.

Die Forderung, sich dem Partner im Gespräch *zu öffnen* und *von sich zu reden,* macht also nur Sinn und wird nur annehmbar, wenn auch der andere bereit ist, *offen,* mit Wohlwollen und *mit ganzer Aufmerksamkeit* zuzuhören.

Daß eine solche Art zuzuhören erst gelernt werden muß, ist sofort klar, wenn wir bedenken, wie verbreitet die Meinung ist, man kenne den Partner so gut wie sich selbst. Mindestens ebenso verbreitet ist die Gewohnheit, sich während der Rede des Partners schon die eigene Erwiderung zu überlegen.

Gegen diese schlechten Gewohnheiten ist der zweite Teil der Zuhörregel, das *Zusammenfassen* dessen, was der Partner soeben erzählt hat, erstaunlich wirksam. Selbst unter der gebotenen Voraussetzung, daß der Partner nicht allzulange redet (zwischen einer und maximal drei Minuten) und nicht allzuviele Gedanken unterbringt, erfordert die Aufgabe der Zusammenfassung mit eigenen Worten so viel Aufmerksamkeit, daß man sich die vorschnelle Bewertung des Gehörten und das Zurechtlegen einer Erwiderung blendend abtrainiert.

Die Zusammenfassung bewirkt auch eine äußerst heilsame *Verlangsamung des Gesprächs*. Nicht nur der Zuhörer lernt endlich offen und ohne vorschnelle Bewertung zu verstehen, auch der „Zusammengefaßte" kann überprüfen, ob er richtig verstanden worden ist beziehungsweise auch wirklich gesagt hat, was er sagen wollte. Gegebenenfalls kann er seine Äußerungen korrigieren.

■ Übungshinweise

■ Am besten üben Sie ein- oder zweimal in der Woche. Lesen Sie dazu die ausführlichen Erläuterungen im Kapitel „Das Gespräch üben – aber wie" (Seite 19). Nehmen Sie sich zum Üben eine bis anderthalb Stunden ungestörtes Zusammensein. Erleben Sie die Zeit jedesmal wieder als etwas Besonderes, das Sie für Ihre Beziehung tun.

■ Stellen Sie sich Stühle oder Sessel so zurecht, daß Sie einander zugewandt sitzen. Da neun Zehntel der Kommunikation nonverbal ablaufen, ist es wichtig, darauf zu achten, daß Sie im Gespräch Blickkontakt miteinander halten. Achten Sie auf Ihr eigenes Gefühl, beispielsweise ob Ihre übereinander geschlagenen Beine Sie vom Partner abgrenzen wollen. Offenes, aufmerksames Zuhören zeigt sich auch in gelegentlichem Kopfnicken zur Bestätigung, daß Sie Ihren Partner verstehen.

■ Stellen Sie die Regeln aus dem Anhang des Buches sichtbar zwischen sich auf (als Stütze dient ein Karton in Dachform), einigen Sie sich auf ein Thema und darauf, wer zunächst die Sprecher- und wer die Zuhörerrolle übernimmt.

■ Lesen Sie eventuell zunächst noch einmal für sich die Erläuterungen der Regeln auf der Rückseite des Faltblattes durch.

■ Erläutern Sie sich gegenseitig, bevor Sie beginnen, kurz den jeweiligen Sinngehalt der zu übenden Regeln. Der Sprecher erläutert die Sprecherregeln, der Zuhörende die Zuhörerregeln. Nutzen Sie diese Kurzvorträge zur eigenen und gegenseitigen Einstimmung und Konzentration vor jeder Übung.

Es bleibt Ihnen überlassen, ob Sie jetzt sofort mit dem Einüben der ersten Sprecher- und Zuhörerregeln beginnen oder erst die sechs Beziehungsfallen und alle übrigen Regeln kennenlernen wollen. Für den Erfolg Ihres partnerschaftlichen Gesprächstrainings ist es aber von besonderer Wichtigkeit, daß Sie die ersten Regeln als den Kern des Programms begreifen und ihrer Einübung ganz besondere Aufmerksamkeit widmen.

■ Themenvorschläge

Anfangs sollten Sie am besten Gesprächsthemen wählen, die für Sie zur Zeit keine erkennbare Brisanz haben. Sie sollen sich ja ohne zuviel Emotionen auf die Anwendung der Regeln kon-

Hilfreich: das Gesagte zusammenfassen

zentrieren können. Außerdem kommt es anfangs auch nicht darauf an, das Thema „auszudiskutieren" und zu einem Ergebnis zu kommen. Das üben wir später. Folgende Themen eignen sich zum Üben:

■ Sie gewinnen 100.000 DM im Lotto. Was wollen Sie damit anfangen?

■ Sie erhalten eine Woche zusätzlichen Urlaub. Was tun?

■ Sie lesen von einem interessanten Stellenangebot in einer anderen Stadt und wollen sich bewerben.

■ Sie haben gemeinsam Geld für neue Fahrräder gespart, jetzt wollen Sie sich davon lieber eine Videokamera kaufen.

Wählen Sie zunächst „harmlose" Gesprächsthemen

■ Die Aufgabe

Der erste Schritt: offen von sich reden, während der andere zuhört

Sie haben sich auf ein eigenes oder ein von uns vorgeschlagenes Thema geeinigt und entschieden, wer in der Sprecherrolle beginnt. Der Sprecher bemüht sich nun, von seinen wirklichen Wünschen, Vorstellungen und Gefühlen zu reden, damit der Partner nachvollziehen kann, welche Bedeutung ein bestimmter Wunsch für den Sprecher hat. (Die Falle lauert dort, wo wir beispielsweise den Wunsch, von 100.000 DM ein Wohnmobil zu kaufen, dem Partner näherbringen wollen, indem wir erklären, welchen enormen Nutzen diese Anschaffung *auch für ihn* hätte.)

Der Sprecher achtet auch selbst darauf, daß er im ersten Anlauf nur soviel erzählt, wie der Zuhörende noch sinnvoll zusammenfassen kann. Der Zuhörende hat bei diesen ersten Übungen noch nicht die Aufgabe, Stellung zu nehmen. Er hört offen zu und versucht ohne Bewertung das Gehörte zusammenzufassen.

Wenn mehrere Themen während eines Übungstermins ausprobiert werden (und vielleicht jedes in wechselnden Rollen), kann auch die Selbstbeobachtung intensiviert werden: Was geschieht in mir, wenn ich ganz offen nur von mir und meinen Gefühlen rede (statt den anderen, wie im Beispiel des Wohnmobils, für meine Interessen einzuspannen)? Welche Ängste, welche Hemmungen habe ich dabei zu überwinden, wie gut tut es aber auch, das soeben Gesagte vom Partner unbewertet widergespiegelt zu bekommen? Was für ein Gefühl ist das für den in der Zuhörerrolle, nicht gleich eine feste Position zu den Wünschen und Meinungen des Partners entwickeln zu müssen (was meistens aus Angst schon „vorsorglich" geschieht, um „rechtzeitig Einspruch eingelegt" zu haben)?

Das Zusammenfassen ist das Ungewohnteste an den Gesprächsübungen. Es erscheint uns unnatürlich. In der Geschäftswelt ist bei Verhandlungen ein derartiges Zusammenfassen aber durchaus üblich. Sender und Empfänger überprüfen damit immer wieder, ob ihre Signale richtig ausgestrahlt und korrekt empfangen worden sind, damit die

Basis der fortlaufenden Verhandlung zwischen beiden Partnern stimmig bleibt. In der privaten Beziehung wird die Zusammenfassung eher die Rolle eines Trainingsgerätes haben, das sozusagen die geschwächten Muskeln (die Kunst, richtig zuzuhören) über eine bestimmte Zeit trainiert, bis man es weglegen kann.

Alle übrigen Regeln sind natürlich dazu da, auch im Paaralltag immer häufiger und selbstverständlicher angewendet, sozusagen zur neuen, besseren Gesprächsgewohnheit zu werden.

■ Zur besonderen Beachtung

In Paarkommunikationskursen gibt es einen Trainer, der während der Gesprächsübungen auf die Einhaltung der Regeln achtet. Sie zu Hause üben und kontrollieren aber zugleich. Das gelingt am leichtesten, wenn Sie sich stets Ihres gemeinsamen Ziels, Ihre Partnerschaft zu verbessern, bewußt bleiben. So vermeiden Sie Konkurrenzverhalten und den Ehrgeiz, dem anderen Fehler nachzuweisen. Gegen ein spielerisches „Ertappen" beim Fehlermachen ist sicher nichts zu sagen. Fest steht aber: Im Gesprächstraining sind entweder beide Gewinner oder keiner.

■ Wahrnehmungstraining leichtgemacht

Apropos ertappen: Bei den Übungen ist es zur Verbesserung der Kommunikation nötig, sich selbst und den anderen bei Regelverstößen, die immer wieder vorkommen, zu ertappen. Zum Ausgleich bieten wir Ihnen eine rundum positive, ja liebevolle Wahrnehmungsübung an, die ganz nebenbei auch der Kommunikationsverbesserung dient. „Ertappen" Sie Ihren Partner an einem beliebigen Tag in der Woche doch vielleicht einmal dabei, wie er Ihnen „guttut". Strecken Sie all Ihre Antennen aus, um wahrzunehmen, was alles aktiv oder passiv von Ihrem Partner ausgeht, was ihn für Sie liebenswert macht. Das können kleine Aufmerksamkeiten sein oder die bloße Tatsache, daß er mit seiner menschlichen Wärme um Sie herum ist; das können Gesten oder seine Ansichten sein. Notieren Sie im stillen für sich, was Ihnen an einem bestimmten Tag oder Abend aufgefallen ist, und sprechen Sie bei Gelegenheit miteinander darüber. Teilen Sie sich gegenseitig Ihre positiven Wahrnehmungen mit. Für den Partner ist es keineswegs selbstverständlich zu wissen, was Sie an ihm mögen; es ist hin und wieder beste Kommunikationspflege, es direkt zu sagen.

„Sammeln" Sie Positives über Ihren Partner

WIE ES IN MIR AUSSIEHT, GEHT DICH ETWAS AN

Von sich selbst zu sprechen ist ein menschliches Grundbedürfnis. Ein Mensch, der von sich spricht, gibt etwas von sich preis. Angesichts der Gefahr von Kritik besteht ein Schutzbedürfnis, das sich in dem Bemühen äußert, den Normen zu entsprechen. Im Gespräch spiegelt sich das Schutzbedürfnis in indirekter Rede und Verallgemeinerungen wider

Wer mich wirklich liebt, versteht mich auch ohne Worte. – Dieser Irrtum gehört zu den romantischen Fehleinschätzungen, wenn die Wahrheit zu zweit beginnt. Die meisten Paare träumen von der gemeinsamen Wellenlänge, auf der man im „Geiste eins" ist und sich auch ohne Worte versteht. Unbestreitbar ist, daß Menschen am besten miteinander auskommen, wenn sich jeder einigermaßen in den anderen einfühlen kann und dessen Meinungen und Gefühle zu verstehen lernt. Aber bereits hier entstehen Probleme, denn vieles kann schiefgehen, wenn wir miteinander reden wollen. Zwar ist uns klar, über was wir uns austauschen müßten, aber wenn wir das Gespräch beginnen, geraten wir oft ziemlich unerwartet in eine Sackgasse: Ein Wort gibt das andere, ein Mißverständnis reiht sich an das andere, wir verstehen nach kurzer Zeit nicht mehr, worum es eigentlich geht. Es entsteht ein Streit, oder wir verstummen. Die Kommunikation verunglückt.

Gespräche hängen nicht nur vom guten Willen ab, sondern auch von der Fähigkeit zu durchschauen, was sich hinter den Kulissen abspielt, den eigenen wie denen des anderen. Wenn Ich und Du in einen Dialog treten und dabei Beziehung zueinander aufnehmen oder aber aneinandergeraten, ist mehr im Spiel als das, was wir auf der aktuellen Bühne erkennen können. Im Hintergrund wirken Gefühle und Erfahrungen aus der Kindheit oder aus der Beziehung zu anderen Menschen wie den Eltern und Geschwistern, den Freunden und Kollegen. Erwartungen an uns selbst und an den Partner, die nicht direkt ausgedrückt werden und vielleicht auch gar nicht bewußt sind, führen zu Störungen, die nicht immer erkannt werden. Wünsche und Bedürfnisse aus vergangenen Tagen, die die augenblickliche Situation überfordern und überladen, mischen sich ein.

VERSTECKTE BOTSCHAFTEN UND GEFÜHLE

Wir sehen die Dinge nicht, wie sie wirklich sind, auch nicht die Partnerin oder den Partner, wie diese sind. Unter dem Druck, das gefährdete Einssein zu bestätigen oder wiederherzustellen, sehen wir die Dinge und Personen vielmehr so, wie wir sie haben möchten. Wir appellieren im Namen der Liebe an das Gespür des anderen, auch ohne Worte und Erklärung zu wissen, was wir meinen oder brauchen. Je nachdem, wie wir einen Menschen ansprechen, bringen wir zum Ausdruck, was wir von ihm halten und wie wir ihm begegnen wollen. Entsprechend fühlt sich unser Gegenüber entweder gesehen und akzeptiert oder aber schon im Vorfeld übergangen, bevormundet, herabgesetzt und nicht ernstgenommen. Die Art und Weise, wie wir sprechen, gibt aber auch Auskunft über uns selbst. Auch wir können unsere Gefühle und uns selbst übergehen, uns nicht ernst nehmen, Imponiergehabe an den Tag legen oder uns klein machen und in einer belastenden Problemsituation so verallgemeinernd und indirekt sprechen, daß auch der interessierteste Gesprächspartner nicht erkennen kann, worum es uns persönlich eigentlich geht. Wenn ein Mensch etwas von sich gibt, gibt er auch etwas von sich preis. Die Art und Weise, wie wir ein Gespräch inszenieren, es ermöglichen, blockieren oder unterlaufen, ist immer auch eine Kostprobe unserer Persönlichkeit. Wir „offenbaren" uns und decken indirekt den Zustand auf, in dem wir uns befinden. Unabhängig davon, ob wir über das Geld, die Treue oder die Kinderfrage sprechen, und auch unabhängig davon, wie wir in das Ge-

spräch einsteigen, setzen wir uns mit dem Sachverhalt, um den es geht, zu uns selbst und zu einem anderen Menschen in Beziehung. Auch wenn wir strategisch sehr vorsichtig vorgehen, hinter der Fassade zu bleiben versuchen, nur indirekte Botschaften aussenden und ganz cool bleiben, wollen wir in der Regel mit dem Gespräch etwas bewirken. Diese „heimliche" Zielstrebigkeit oder der „stille" Appell haben den Nachteil, daß wir nun auch eine Reihe heimlicher Maßnahmen ergreifen müssen, um doch noch ans Ziel zu kommen. Und dies um so mehr dann, wenn sich unser zuhörendes Gegenüber konsequent weigert, zwischen unseren Worten zu hören und zwischen den Zeilen zu lesen. Ein Gespräch hat also sehr viele Dimensionen, und ein gesprochener Satz kann viele Botschaften gleichzeitig enthalten. Auch wenn für uns die Sache oder das Thema im Vordergrund stehen,

Wenn ein Mensch etwas von sich gibt, gibt er auch etwas von sich preis

spielen Selbstdarstellung und Beziehungsgestaltung, Gefühle, Erfahrungen, Phantasien und Wünsche mit hinein.

Da aber die Gefühle und die geheimen Wünsche nicht zum Thema gehören und oft als unsachlich verpönt sind, gehen sie in den Untergrund und führen dort ebenfalls ein „heimliches" Leben. Schule, Arbeit und Gesellschaft haben uns vor allem für die Darstellung von Sachverhalten trainiert. Im Umgang mit uns selbst und unseren Gefühlen

ist der Sachverhalt klar und verständlich. Weniger deutlich ist, was eigentlich mitgeteilt werden soll: Die Enttäuschung darüber, daß der andere nie zu Hause ist? Vielleicht auch der Vorwurf, daß der spontane Besucher darüber nicht informiert war? Vielleicht aber auch ein Hinweis darauf, wie groß das Bemühen ist, den anderen zu treffen? Oder aber auch die Aufforderung, daß jetzt der andere einmal an der Reihe ist, den Kontakt herzustellen? Ein Zuhörer kann jedes Wort verstehen und erkennt doch nicht, worum es geht. Er kann der Unsicherheit und Offenheit der Nachricht und ihrer Bedeutung mit eigenen Erwartungen und Befürchtungen begegnen und seinerseits das Verständigungsproblem vertiefen. Je nachdem, worauf er zu hören bereit ist, wird er die Enttäuschung oder den Vorwurf aufnehmen, vielleicht aber auch ein gutes und verstehendes Gespräch darüber ermöglichen, weil er sich mehr an die Sachinformation hält.

wie in der Beziehung zu anderen sind wir weit weniger geübt. Anstatt sie aus dem Untergrund zu befreien, geben wir den unterdrückten Gefühlen und Verletzungen nur wenig Spielraum, sie werden in indirekter Rede versteckt und warten im Gespräch auf ihre Entdeckung.

Dazu ein Beispiel. Wenn jemand mit verhaltener Stimme sagt: „Ich bin schon dreimal bei dir zu Hause vorbeigekommen", dann

SELBSTDARSTELLUNG UND SELBSTOFFENBARUNG

Sich öffnen, von sich reden – warum ist das so schwer? Warum greifen wir zur indirekten Rede, reden um den heißen Brei herum, lenken von uns ab und beschuldigen den anderen, anstatt von uns zu sprechen und damit auch für uns zu sorgen? Jeder Mensch hat das natürliche Bedürfnis, sich mitzuteilen, von sich zu sprechen. An Kindern können wir beobachten, wie gerne sie von sich erzählen, sich in den Mittelpunkt stellen und ganz selbstverständlich davon ausgehen, daß sie auf dieser Erde erwünscht sind und daß die Eltern und andere Menschen sich für sie interessieren. Unsere ersten Worte werden noch mit Spannung erwartet und von den liebenden Zuhörern ständig wiederholt, um uns zu weiterem Sprechen zu ermuntern. Wir alle wissen natürlich auch, wie schnell dieses natürliche Bedürfnis nach Mitteilung gebremst, ja auch zerstört werden kann und dann niemand mehr hört, was wir zu sagen haben.

Dennoch sind die Selbstdarstellung und Selbstoffenbarung ein existenzielles Phänomen. Sie lassen sich grundsätzlich nicht vermeiden, ob sie nun direkt, getarnt und versteckt, mutig oder ängstlich, bewußt oder unbewußt ablaufen. Wer leben will, muß sich äußern! Es ist dieser Zwang, der uns Angst macht, denn schon sehr früh machen wir auch die Erfahrung, daß unsere Worte und Taten nicht mehr mit Spannung erwartet werden, sondern eher kritisiert und bewertet werden, daß wir stören, daß wir weniger auf Begeisterung, sondern eher auf Skepsis stoßen, sobald wir unsere wirklichen Gefühle und Bedürfnisse direkt und ohne

Scheu äußern. Ohne eine Einsichtsmöglichkeit muß das Kind die Erfahrung machen, daß es seinen Willen plötzlich zum falschen Zeitpunkt und am falschen Ort, in Anwesenheit der falschen Leute, nicht mit dem richtigen Ton und in der falschen Sprache äußert. Diejenigen, die bisher offen zugehört und verstanden haben, werden zu einer Art „feindlichem Gegenüber", das mit gespitztem Ohr auf Fehler wartet und vor dessen Augen man zu bestehen hat.

SCHUTZBEDÜRFNIS

So natürlich zunächst das Bedürfnis war, sich mitzuteilen, so natürlich ist jetzt das Bedürfnis des Kindes und später des Erwachsenen, sich zu schützen. Der Mensch zeigt immer weniger von sich, geht auf Tauchstation, um der Ablehnung, der Kritik, der Ironie oder gar der Strafe zu entgehen. Die Selbstverständlichkeit der eigenen Existenz ist in Zweifel gezogen, und aus der Notwendigkeit zur Äußerung und Selbstoffenbarung und einem Grundvertrauen werden Angst, Not und Mißtrauen davor, sich anderen Menschen, vor allem den Autoritäten, zu zeigen und vor ihnen zu bestehen. Die Botschaft dieser Angst und Not heißt: Um geliebt und anerkannt zu werden, darfst du nicht einfach so sein, wie du bist, und

Ein fataler Trugschluß: daß Anerkennung erst mühsam verdient werden muß

auch nicht einfach sagen, was du denkst. Du mußt dir die Anerkennung mühsam verdienen, und es wird ständig überprüft, ob du den Normen entsprichst.

Schon in der frühen Kindheit entsteht eine Bewährungsangst, die ganz offenbar nicht angeboren ist, sondern anerzogen wird. Sie ist das Resultat der Konfrontation des Individuums mit der Gesellschaft und ihren Normen. In einem lebenslangen Prozeß ringt der Mensch immer wieder neu um seine Autonomie und um seine Entfaltung. Jedes Kind erlebt oft schon zu einem sehr frühen Zeitpunkt, daß seine Wünsche und Eigenarten mit den gesellschaftlichen Normen teilweise unvereinbar sind. „Bravsein, wenig verlangen, sich unterwerfen, nichts kaputtmachen, Wut unterdrücken, keine Sexualität zeigen usw., das sind die unendlich schwer zu verinnerlichenden Verbote, von denen es abhängt, ob ein Kind sich gut fühlen darf" (Richter).

Mit Liebe und Liebesentzug, mit Belohnung und Strafe, Lob und Tadel vermitteln uns Eltern, Lehrer und andere Autoritäten jene gesellschaftlichen Normen, die Erfolg versprechen, und bringen uns auf diese Weise bei, was wir an uns selbst zu lieben oder zu unterdrücken haben. So lernen wir auch, welche Gefühle und Gedanken Beifall finden und welche besser unterdrückt und vor anderen Menschen verborgen oder nur indirekt ausgedrückt werden sollten. Aus dem eigenen Sinn des Kindes wird schnell der „Eigensinn", den die Erwachsenen ihm als Trotz austreiben. Und wer gelernt hat, daß das Händchen, das den eigenen Körper mit Lust berührt hat, ein böses Händchen ist, wird als erwachsene Frau oder erwachsener Mann nur schwer offen mit dem Partner darüber sprechen können, wie er körperlich berührt werden möchte.

NORMEN ALS RICHTER

Dieser Vorgang der Verdrängung unerwünschter Anteile braucht sehr bald keinen „Richter" mehr von außen. Die „Richter" werden als Normen verinnerlicht, und wir lernen unser Ich zu verbergen, zu manipulieren, wir werden taktisch, indem wir es verbergen und verschweigen. An die Stelle des Ich treten nun Kronzeugen, die wir für uns sprechen lassen: „man", die Nachbarn, der gesunde Menschenverstand und wie sie alle heißen mögen. Wenn wir daran denken, daß wir unser Leben klein, schwach, unorientiert und hilflos, also in großer Unzulänglichkeit und eigentlich immer als „Frühgeburt" antreten, so wird sehr schnell deutlich, wie attraktiv und verlockend jene anonymen Helfer sind, hinter denen wir uns verstecken können. Je größer der Anpassungsdruck in einer Kultur und je stärker der gesellschaftliche Leistungsdruck

In einem lebenslangen Prozeß ringt der Mensch um seine Autonomie und um seine Entfaltung

Mit Liebe und Liebesentzug, mit Belohnung und Strafe, Lob und Tadel vermitteln uns die Autoritätspersonen, wie wir (angeblich) zu sein haben

und damit auch die Gefahr der Ausgrenzung und Isolierung sind, wenn wir den Anforderungen nicht entsprechen, desto größer ist auch die Neigung der Menschen, sich nicht direkt zu stellen. Das indirekte „man" flüchtet in das indirekte „Man-Gefühl", hält sich an das, was „man" so tut und „man" so denkt. Auch wenn das Ich die Bühne betritt, läßt sich leichter von „man" sprechen, denn „man" ist nicht festzunageln oder für das Gesagte zur Verantwortung zu ziehen, mit „man" ist natürlich auch kaum eine Diskussion oder Auseinandersetzung möglich. „Man" ist ein Phantom, mit dem Menschen gern in Gesprächen operieren, um nicht von sich selbst reden zu müssen. „Man-Gespräche" sind eine Art Probegespräche, in denen Menschen auf indirekte und allgemeine Weise versuchen, ihre Fragen, Gefühle und Probleme ins Spiel zu bringen, ohne selbst als Fragende und Fühlende erkannt zu werden.

Gesellschaftliche und persönlich-biographische Hintergründe sorgen also dafür, daß die meisten Menschen große Schwierigkeiten damit haben, sich selbst zu zeigen und zu offenbaren. Je tiefer die Angst vor der Selbstdarstellung ist, desto schneller wird das Gesprächsgegenüber in die Rolle des Richters gebracht, und selbst die harmloseste Situation kann für das einzelne Individuum und seinen persönlichen Richter zu einer großen Be-

währungsprobe werden. Zur Strategie des Selbstverbergens gehört die indirekte Rede ebenso wie die gespielte Naivität und die Unschuldsmiene, die stumme Unterstellung ebenso wie die laute Beschuldigung. Zum Selbstverbergen gehört aber auch der Versuch, möglichst keine Frage zu stellen, denn schon die Frage könnte verräterisch und eine Blamage sein. Hinter gespielten Rollen und gut gestrichenen Fassaden bleibt in den Gesprächen verborgen, was die Menschen wirklich fühlen und wie ihnen zumute ist.

„Man-Gespräche" sind eine Art Probegespräche

DER MUT ZUM ICH

Sich zu öffnen und von sich selbst zu reden setzt voraus, daß wir zunächst Kontakt zu uns selbst aufnehmen und daß wir das, was wir sagen wollen, mit dem eigenen Erleben, Fühlen und Denken in Beziehung setzen. Das ist nicht leicht, wenn man gelernt hat, das Unangenehme so abzuspalten, daß es wie verschwunden erscheint. Die Devise „Keine Schwäche und Gefühle zeigen, immer cool bleiben, sich nichts anmerken lassen" muß in ihr Gegenteil verwandelt werden, damit es zu einem wirklichen Dialog kommen kann. Sich zu öffnen setzt auch voraus, daß wir entgegen unserer Gewohnheit das Risiko eingehen, daß unser Selbstwertgefühl verletzt wird.

Sich öffnen heißt: mit dem eigenen Ich Kontakt aufzunehmen

Gleichzeitig müssen wir darauf vertrauen, daß sich der Partner nicht zum Richter aufspielt. „Ich bin o.k., bei mir ist immer alles in Ordnung", das ist die trügerische Selbstsicherheit eines Menschen, der nicht leiden darf, auch wenn er schon große Schmerzen hat. In diesem Fall hat nur der „problemlose" Anteil der Person überlebt, der andere Teil dieses Menschen steht unter Verschluß und lebt eine indirekte Existenz, ein Leben in Verstecken und Man-Sätzen. Nicht „ich" habe dann Wut, sondern „man" wird

Wer über sich schweigen will, redet statt dessen über den anderen

wütend; nicht „ich" bin ärgerlich, sondern „man" wird ärgerlich. Die eigenen Absichten kann man auch hinter einem „wir" verstecken, oder man stellt Fragen, die gar keine sind, sondern eher den anderen zu einer Stellungnahme herausfordern. Die Frage „Mußtest du dir diese teuren Stiefel kaufen?" ist keine Frage, die der andere mit ja oder nein beantworten soll, sondern bedeutet im Klartext: „Ich finde diese Stiefel zu teuer, und du hättest sie nicht kaufen sollen."

Wer sich öffnet und „ich" zu sagen bereit ist, muß nach innen blicken und zunehmend Vertrauen in die eigene Existenz fassen. Nicht die Beziehung *ist* dann unerträglich, sondern *ich finde* sie unerträglich, weil *ich* mich so oder so in ihr fühle, weil ich sie vielleicht sogar beenden will. Ehe jemand den Mut zu einer solchen Stellungnahme findet, greift er im Partnerdialog eher zur Du-Botschaft, einer sehr verbreiteten Technik im Beziehungskampf, mit der die Ich-Aussage vermieden und der andere in Bedrängnis gebracht wird. Wer über sich schweigt, redet über den anderen, eine Regel, die aus vielen anderen Alltagszusammenhängen bekannt ist.

Blitzschnell wird ein eigenes Gefühl unkenntlich gemacht und in eine Beschreibung des anderen übersetzt. Aus der Mitteilung beispielsweise über den eigenen Ärger, daß der Partner später als verabredet gekommen ist und daß ich vielleicht Angst gehabt habe, wird die negative Du-Botschaft: Du bist unpünktlich und unzuverlässig.

In „indirekten" Gesprächen mit Du-Botschaften und Beschuldigungen geht viel verloren. Wo die eigenen Innenwelten verborgen bleiben und die Gefühle auf Tauchstation gehen, wo die Angst vor Mißbilligung herrscht und der Wunsch, recht zu behalten und gut dazustehen, den Vorrang habt, wo eine steife und mißtrauische Atmosphäre mehr für einen Schlagabtausch denn für einen austauschenden Dialog sorgt, da kommt weder die Sache, um die es geht, zum Tragen, noch kann die Beziehung zwischen den Partnern reifen und wachsen. Wenn der eine seinen Standpunkt und sein Befinden nicht offenlegt und nur nach einer Technik sucht, um seine Schwächen und Ängste geheimzuhalten, wird der andere nur mit halbem Ohr und in Lauerstellung zuhören und seine eigene Geheimhaltung proben.

> Nur wenn man im Gespräch erfahren kann, daß auch der andere leidet, sich unsicher fühlt und Probleme hat, lernt man zu erkennen, daß man mit seinen Fragen und Ängsten nicht allein dasteht. Die Bereitschaft, sich zu zeigen, ist kein seelischer Striptease, vor dem viele Angst haben, sondern die Voraussetzung für eine Veränderung der Menschen und der Krise, in der eine Beziehung steckt

Was verlorengeht, ist mehr als eine Gelegenheit zu einem Gespräch, es ist das „Lernziel Solidarität" (Richter). Solidarität setzt die tiefe Akzeptanz des anderen Menschen mit all seinen Eigenarten voraus, verlangt das offene Eingestehen der ganzen Person mitsamt allen ihren Schwächen.

In gemeinsamer Kraftanstrengung richten Paare die Fassaden und die Isoliertheit auf, unter der sie leiden. Oft merken sie über Jahre nicht, wie sehr sie sich dabei selbst und gegenseitig verletzen und krankmachen.

Wer sich ständig außen anders gibt, als ihm innerlich zumute ist, gerät auf Dauer in einen inneren Spannungszustand, der allmählich die körperlichen und seelischen Kräfte aufzehrt und die Angst vor Entlarvung der Gesamtsituation steigert. In solchen Augenblicken sprechen Menschen davon, daß die „Luft zum Schneiden ist", von geladenen Stimmungen oder von jenem berühmten Faß, das nur noch einen Tropfen zum Überlaufen braucht. Beziehungen, in denen Gespräche zu einer Art Schlagabtausch oder Durchhaltetraining verkommen, in denen die Partner sich weder öffnen noch von sich zu reden wagen oder nicht offen zuhören können, sind eine Gefahr für die körperliche, seelische, geistige und soziale Gesundheit. Die Liebe endet, wenn der Partner nur noch Unglück bedeutet und wir selbst keinen Beitrag übernehmen, um gemeinsam zu „gesunden". Von diesem gegenseitigen „Beschuldigungsprozeß" handelt die nächste Hintergrundanalyse.

Wer sich ständig außen anders gibt, als ihm innerlich zumute ist, wird auf Dauer krank

Die Liebe endet, wenn der Partner nur noch Unglück bedeutet und wir selbst keinen Beitrag übernehmen, um gemeinsam zu „gesunden"

VERALLGEMEINERUNGEN

Du spinnst ja! Wann soll denn das gewesen sein?

Immer. Und wenn du nicht mehr ausweichen kannst, dann vermeidest du es peinlichst, mich vorzustellen.

Beziehungsfalle Nr. 2 ist eine besonders häufige Form der Beschuldigung und des Vorwurfs: die Verallgemeinerung. Sätze mit den Verallgemeinerungen „nie" und „immer" stimmen so gut wie nie und lösen deshalb beim Partner Protest statt der gewünschten Einsicht aus

Jeder weiß, daß du meine Frau bist. Kein Mensch käme da auf andere Gedanken. Ich weiß gar nicht, was du heute hast?!

...ame von ...nal weg. ...tuationen nicht.

Ist doch überhaupt nicht wahr! Wenn es nämlich um was geht, dann fällt dir jeder Name ein!

BEZIEHUNGSFALLE NR. 2

Verallgemeinerungen kommen in Gesprächen besonders häufig vor. Dem Partner vorzuhalten, er verhalte sich „immer" so und tue „nie" etwas anderes, zerstört jedes sachliche Gespräch. Dagegen hilft nur, von konkreten Situationen zu sprechen. Darauf kann sich der Partner einstellen und seinerseits offen nachfragen

Nie, immer, ständig, dauernd, jedesmal — mit solchen Worten beginnen die meisten vorwurfsvollen Verallgemeinerungen. Aber es geht auch versteckter. Gabrieles erster Satz ist gleich so eine versteckte Verallgemeinerung: „Ist dir schon mal aufgefallen, daß du in der Stadt eher auf die andere Straßenseite gehst, als mich deinen Bekannten vorzustellen?" Offensichtlich macht Gabriele Thomas diesen Vorwurf nicht unmittelbar nach einem solchen Vorfall. Auch spricht sie kein konkretes Ereignis am Vortag oder vor zwei Wochen an.

Thomas findet die Beobachtung lachhaft. „Wann soll das denn gewesen sein?" „Immer", ist die Antwort. „Aber das ist doch Quatsch", kann Thomas mit bestem Gewissen auf eine solche Verallgemeinerung antworten, denn natürlich kann er sich an mindestens *eine* Gelegenheit erinnern, bei der er Gabriele jemandem vorgestellt hat.

Wahrscheinlich will Gabriele mit ihrem „Immer" zum Ausdruck bringen, wie wichtig die Angelegenheit für sie ist. Sie will endlich ihre vielleicht schon seit längerem nagende Unsicherheit zum Ausdruck bringen und von Thomas erfahren, ob er sich vor

seinen Bekannten vielleicht für sie schämt. Sie verfehlt ihre Absicht aber vollständig. Die Verallgemeinerung in Verbindung mit einem Vorwurf löst beim Partner selten ein Nachdenken darüber aus, was einen bedrückt; er sucht geradezu zwangsläufig nach einem Gegenbeispiel. Thomas kann sich sogar noch eine vernünftige Erklärung für die Fälle leisten, in denen er nach eigener Erinnerung einer Begegnung mit Bekannten ausgewichen ist. Die Falle ist aber längst zugeschnappt. Gabriele erfährt nicht mehr, was sie wissen will. Ihre Unsicherheit besteht fort, verfestigt sich vielleicht im Gefühl der Kränkung und beschädigt ihr Selbstwertgefühl.

Vielleicht haben Sie längst die Erfahrung gemacht, daß vorwurfsvolle Verallgemeinerungen den Partner regelmäßig zum Widerspruch statt zum Nachdenken reizen, daß sich so kein erfolgreiches Gespräch führen läßt? Um diesen Kommunikationsfehler zu vermeiden, hilft nur das Einüben von Gegenregeln:

■ Wenn wir unserem Partner ein unangenehmes Gefühl oder einen negativen Eindruck mitteilen wollen, dann sollten wir dies immer an einem *konkreten Ereignis* festmachen, statt zu verallgemeinern. Wir sollten unsere negativen Gefühle mitteilen, ohne sie automatisch mit einer Beschuldigung des Partners zu verbinden.

■ Durch Verzicht auf Verallgemeinerungen und Beschuldigungen kann der Partner sich ohne Verteidigungsnot und Abwehrenergien, dafür aber mit Offenheit und Nachfragen mit dem Gehörten auseinandersetzen.

Ist dir schon aufgefallen, daß du in der Stadt eher auf die andere Straßenseite gehst, als mich deinen Bekannten vorzustellen?

Nach diesen Gegenregeln wäre folgender (positiver) Gesprächsanfang denkbar:

Gabriele: „Thomas, ich würde gerne mit dir über etwas sprechen, was mich sehr bedrückt. Am vergangenen Sonnabend, in der Stadt, hast du mich aufgefordert, mit dir die Straßenseite zu wechseln, weil du einem Bekannten von dir nicht begegnen wolltest. Es quält mich die Unsicherheit, ob du dich vielleicht mit mir schämst."

Thomas: „Du lieber Himmel, jetzt bin ich aber erschrocken. Mein Ausweichen vor dem Bekannten am Sonnabend hat bei dir den Eindruck hinterlassen, daß das mit dir zu tun gehabt hätte? Daß ich mich nicht gern mit dir zeige? Dabei hatte ich nur den Namen des Kollegen vergessen und wollte der Peinlichkeit entgehen, dich nicht korrekt mit ihm bekannt machen zu können. War es das einzige Mal, oder hattest du noch bei anderer Gelegenheit den Eindruck, daß ich mich ungern mit dir zeige?"

Eine heikle Situation! Und es ist keineswegs sicher, daß Thomas mit seiner plausiblen Erklärung des Ausweichmanövers der Verunsicherung Gabrieles schon ein Ende macht. Wenn die beiden aber anläßlich dieses konkreten Ereignisses in ein offenes Gespräch über einen zumindest für Gabriele unklaren Aspekt ihrer Beziehung kommen, dann ist das schon viel wert. Dabei sind bestimmte Gesprächsqualitäten wichtig, die wir zur Regel machen können:

■ Gabriele hat diesmal nicht zu einer Verallgemeinerung gegriffen, sondern von einer *konkreten Situation* gesprochen.

■ Sie hat statt den Partner zu beschuldigen, von *ihren Gefühlen,* ihrer Verunsicherung berichtet.

■ Dadurch konnte Thomas *offener zuhören,* sich in Gabrieles Verunsicherung einfühlen (und darüber erschrecken).

■ Seine grundsätzliche Bereitschaft zur Offenheit läßt Thomas in diesem Gespräch *nachfragen,* das heißt aufmerksam dafür sein, ob es für Gabrieles Angst, er könnte sich ihrer schämen, noch mehr Gründe als den einen Anlaß geben könnte.

Konkrete Situation ansprechen, anstatt zu verallgemeinern!

KOMMUNIKATIONS-REGELN FÜR DAS PAARGESPRÄCH II

Der Wunsch, die *Beziehungsfalle Nr. 2 (Verallgemeinerungen)* zu vermeiden, erweitert die zu übenden Gesprächsregeln:

> ## KOMMUNIKATIONS-REGELN II
>
> ● *beim Reden:*
> sich öffnen, von sich reden, konkrete Situationen ansprechen
> ● *beim Zuhören:*
> offen zuhören und zusammenfassen, offen nachfragen

■ Erläuterungen zu den Regeln

Die Verallgemeinerungen reizen nicht nur zwangsläufig zum Widerspruch („Das stimmt doch gar nicht, x-mal schon habe ich dich Leuten vorgestellt!"), sondern führen damit auch vom eigentlichen Thema weg. Vor diesem Kommunikationsproblem schützt die Regel, stets über *konkrete Situationen* zu sprechen. Natürlich läßt sich eine gemeinsam erlebte Situation unterschiedlich interpretieren. Aber in der Verbindung mit der ersten Regel *sich zu öffnen, von sich, seinen eigenen Gefühlen zu reden,* ohne vorschnell Schuld zuzuweisen, entfaltet die zweite Regel ihre Wirksamkeit: Dem Partner können eigene unangenehme Gefühle mitgeteilt werden, ohne daß er sich sofort verschließt. Voraussetzung ist natürlich, daß der Partner sich an die beiden Zuhörregeln hält und *offen zuhört und zusammenfaßt sowie offen nachfragt.*

Nach dem Versuch, das soeben Gehörte mit eigenen Worten zusammenzufassen, können Fragen auftauchen, sachliche Fragen nach dem Tag, von dem der Partner spricht, nach Namen usw. Eine Nachfrage ist aber auch geboten, wenn nicht so recht deutlich wird, worauf der Partner hinaus will, weil er sich beispiels- weise noch nicht traut, offen von seinen Gefühlen zu sprechen, sich also indirekt äußert.

Vor Suggestivfragen muß man sich allerdings hüten: „Handelt es sich da vielleicht um deine alte Unsicherheit, die dir ja schon in der Schulzeit zu schaffen machte?" oder „Kann es nicht sein, daß du die Vorstellerei einfach überbewertest?"

Dagegen würde folgende Frage weiterführen: „Ich kann mir deine unguten Gefühle in der Situation, als ich meinem Kollegen nur schnell guten Tag sagte, ohne euch extra miteinander bekannt zu machen, noch gar nicht richtig vorstellen?"

Nachfragen sollten niemals bohrend sein oder den Partner zwingen wollen, etwas preiszugeben, was er zur Zeit noch nicht preisgeben kann. Bei Nachfragen

Verallgemeinerungen führen vom eigentlichen Thema weg

sollte der Sprecher seine sachlichen oder Gefühlsinformationen so offen und vollständig mitteilen, daß sie der Zuhörer auch in der wünschenswerten Weise verarbeiten kann.

■ Themenvorschläge

Im letzten Kapitel ging es bei Ihren Übungsgesprächen darum zu trainieren, wie Sie beim Äußern eigener Wünsche bei sich bleiben, von Ihren Gefühlen sprechen und diese nicht – wie es häufig geschieht – in Du-Sätze kleiden, die den Partner angreifen und beschuldigen. Für ein effektives Üben sollten zunächst Gesprächsthemen gewählt werden, deren Brisanz Sie nicht von der Aufmerksamkeit für die einzuübenden neuen Kommunikationsregeln ablenkt.

Diesmal werden Ihre Übungen um den Aspekt erweitert: Wie teile ich meinem Partner unangenehme, negative Gefühle mit, ohne ihn zu verletzen beziehungsweise ohne ihm die Chance zu verbauen, darauf in entsprechender Weise einzugehen?

Um diese wertvolle partnerschaftliche Kommunikationsfähigkeit effektiv zu trainieren, werden Ihre Themen diesmal schon eher eigene Erfahrungsbereiche berühren. Trotzdem sollten Sie keine Themen wählen, die für Sie hohe, vielleicht lange aufgestaute Brisanz haben. Solche Gespräche, die ein klärendes Ergebnis verlangen, wären in unserem Training noch verfrüht.

Folgende Themen eignen sich zum Üben:

■ Gestern abend wären Sie gerne mit Ihrem Partner noch ausgegangen. Er setzte sich aber nach dem Essen sofort vor den Fernseher. Sie gingen nach kurzer Zeit frustriert schlafen und beginnen heute mit Ihrem Partner ein Gespräch darüber.

Das ist doch Quatsch!!

■ Sie waren zusammen auf einem Fest. Sie unterhielten sich gut mit allen. Ihr Partner kannte niemanden und hielt sich still abseits. Einerseits unsicher und verschnupft, wäre er andererseits auch gerne aus seiner Isolation herausgekommen. Auf dem Nachhauseweg spricht Ihr Partner Sie daraufhin an.

■ Sie leiden seit geraumer Zeit unter dem Schnarchen Ihres Partners und möchten ihn zu getrennten Schlafzimmern bewegen. Er hingegen hält das für den ersten Schritt zur ehelichen Entfremdung. Sie beginnen das Gespräch darüber.

Wie teile ich meinem Partner negative Gefühle mit, ohne ihn zu verletzen?

■ Die Aufgabe

Zur Übung des Paargesprächs kommen Sie unter den schon bekannten Rahmenbedingungen zusammen. Sie wählen ein vorgeschlagenes oder ein eigenes Thema aus. Sie entscheiden, wer das Gespräch in der Sprecherrolle beginnt (wer also zuerst übt, negative Gefühle zu äußern), und machen sich vorher wechselseitig noch einmal mit den Gesprächsregeln vertraut, die auch wieder als Faltblatt vor Ihnen stehen. Richten Sie Ihre Hauptaufmerksamkeit während der Gespräche darauf, die beiden ersten Sprecher- und Zuhörregeln einzuhalten.

Sie trainieren also in der Sprecherrolle Ihre Fähigkeit, sich im Gespräch zu öffnen und Ihre Gefühle zu äußern. Man könnte auch sagen: Sie versuchen, den Schwerpunkt Ihrer Gedanken und Gefühle bei sich zu lassen und ihn nicht zum andern hin zu verschieben. (Dies passiert in Du-Sätzen und Beschuldigungen.) Sie richten außerdem Ihr Hauptaugenmerk darauf, von Ihren Gefühlen in *konkreten Situationen* zu sprechen (und sich dadurch besser verständlich zu machen) und nicht in Verallgemeinerungen zu verfallen. Eine spezielle Form der Verallgemeinerung ist übrigens die Unsitte, von „wir" statt von „ich" zu sprechen und den Partner dadurch gegen seinen Willen zu vereinnahmen. Als Übungsprogramm in der Zuhörerrolle gilt: Der Glaube, von seinem Partner eigentlich schon alles zu wissen, verhindert wirkliches Zuhören. Hören Sie ihm statt dessen offen und aufmerksam zu, achten Sie auch – ohne vorschnelle Interpretationen – auf seinen Gesichtsausdruck, seine Stimmlage, seine Haltung und Gestik. In der Zusammenfassung kontrollieren Sie Ihre Aufmerksamkeit und stellen fest, ob Sie richtig verstanden haben und was Ihnen noch unklar geblieben ist. Üben Sie sich daraufhin im *Nachfragen,* statt nur anzunehmen. Die Nachfragen sind also *offen* und nageln den Partner nicht mit Annahmen in bloßer Frageform fest.

Bei den Gesprächen werden noch keine Lösungen angestrebt. Der *Sprecher* schildert also zur Gesprächseröffnung seine Gefühle im Zusammenhang mit einem konkreten Ereignis. Der *Zuhörer* versucht zu verstehen und nachzuempfinden, was die Situation beim Partner bewirkt hat, und faßt das Gesagte zusammen. Gegebenenfalls fragt er nach. Der Sprecher ergänzt daraufhin seine bisherige Äußerung und formuliert einen Wunsch, was der Partner konkret anders machen könnte. Damit endet die Übung.

■ Zur besonderen Beachtung

Wenn wir uns im Gespräch an konkrete Erlebnisse und Situationen halten und nicht an Allgemeines, machen wir uns besser verständlich. Gleiches gilt für das Äußern von Gefühlen. Sätze

Wenden Sie die Zuhör- und Rederegeln an!

Reden Sie nicht von „wir", sondern von „ich"!

wie „Ich finde dich ganz toll so" oder „Das macht mich total sauer" bringen für das Partnerverständnis so gut wie nichts. Pauschalbegriffe wie „toll", „sauer", „wahnsinnig", „irre", „super", „miserabel", „traumhaft" fordern den Zuhörer geradezu heraus, in sie hinein zu interpretieren, was *er sich* dabei denkt, und verdeutlichen nicht, wie es *dem Benutzer* dieser Worte wirklich geht.

Wenn Gabriele zu Thomas sagt: „Ich finde es blöde, daß du mich deinen Leuten nicht vorstellst" oder: „Ich bin total sauer, daß du mich nicht vorstellst", sagen beide Sätze absolut nichts über ihre konkreten Gefühle aus. Diese Sätze können ebensogut bedeuten: „Ich finde, du hast ziemlich schlechte Manieren" oder: „Nicht mal dafür nimmst du Hektiker dir Zeit" oder: „Was bist du für ein ungeselliger Mensch". Das trifft jedoch nicht, was sie wirklich fühlt.

Die informationsreichste Sprache ist die Bildersprache. Mit der Aufforderung „Sprechen Sie von sich, von Ihren Gefühlen!" ist also gemeint, daß *Sie sich selbst in einer bestimmten Situation (die der Partner möglichst miterlebt hat) so konkret und bildhaft ausgemalt wie möglich beschreiben,* und nicht, daß Sie nach blumigen oder dramatischen Gefühlsbegriffen suchen sollen.

Gabriele macht sich Thomas beispielsweise viel verständlicher, wenn sie sich (und ihm) ausmalt, daß sie sich beim plötzlichen Straßenseitenwechsel wie ein Kind vorgekommen ist, das Angst vorm Ertapptwerden hat, und wie ihr Selbstwertgefühl gelitten hat, als sie drei Schritte beiseite stehen mußte, weil Thomas sie nicht mit seinem Kollegen bekannt gemacht hatte.

◾ Wahrnehmungstraining leichtgemacht

Nachdem Sie ein oder zweimal in der Woche geübt haben, wie man in der Paarbeziehung unangenehme Gefühle äußert, sollten Sie zum Ausgleich einmal intensiv ans Verwöhnen denken. Und *denken* Sie nicht nur daran: Suchen Sie sich einen Tag oder Abend der Woche aus, an dem Sie Ihren Partner mit überlegten Aufmerksamkeiten und mit Ihrer Zuwendung verwöhnen. Schreiben Sie sich Ihre Ideen vorher auf. Der verwöhnte Partner notiert sich seinerseits, was er bemerkt und besonders schön gefunden hat. Kommen Sie darüber ins Gespräch.

Ganz nebenbei: Auch dies ist eine Wahrnehmungsübung. Sie üben, die vom Partner oft versteckt ausgeschickten Informationen darüber, was ihm gut tut und von ihm als besonders schön empfunden wird, aufzufangen und zu beantworten. Oft schenken wir nämlich denen, die wir zu lieben glauben, ein Leben lang immer das, was wir selbst am liebsten haben.

Die informationsreichste Sprache ist die Bildersprache

Verwöhnen Sie den anderen einmal pro Woche mit etwas Schönem

Du bist mein Unglück

Schuldvorwürfe gibt es in jeder Beziehung. Sie sollen den Partner zu etwas bewegen, und häufig führt das Schuldbewußtsein beim Partner auch dazu, daß er wie gewünscht reagiert. Ein Leben in Schuldgefühlen nimmt jedoch die Freiheit. Besonders in der Form der Verallgemeinerung beschädigt die Beschuldigung die Partnerschaft, aber auch die Bereitschaft, Verantwortung für das eigene Leben zu übernehmen

Wir alle kennen die Dialoge, die noch freundlich beginnen, aber dann in der indirekten Rede und durch wertende Du-Botschaften die Schuldvorwürfe einleiten, die durch die Verallgemeinerung so auf die Spitze getrieben werden können, daß sich jede konkrete, um Klärung bemühte Antwort des anderen erübrigt.

Du-Botschaften und Verallgemeinerung

Mit Du-bist-, Du-tust-, Du-hast-Aussagen wird der Gesprächspartner an die Wand gespielt und matt gesetzt, es sei denn, daß seine Gegenbeschuldigungen wirksamer sind. Feststellungen wie „Du bist langweilig" oder „Du bist spießig" erzeugen ein Gefühl wie letzte Urteile, denen der Beschuldigte sich am wenigsten argumentativ entziehen kann. Beschuldigungen und Bewertungsurteile wirken vor allem auf der emotionalen Ebene. „Du bist aggressiv, autoritär, dominant, unecht, unaufrichtig, hinterhältig" hält als Beschuldigung alles bereit, was dem Betroffenen den moralischen Boden unter den Füßen wegzieht. Er wird – wie berechtigt auch immer – auf seine negativen Schattenseiten reduziert und verliert nicht nur die Achtung des Partners, sondern bewegt sich auch außerhalb der gesellschaftlich gültigen Normen. Unsere kulturelle Einordnung verlangt und honoriert genau die Eigenschaften, die den hier vorgeworfenen entgegengesetzt sind. In der Verallgemeinerung wird zusätzlich aus dem „Du bist ..." ein unveränderliches „immer": „Du bist immer unterwegs", „Du bist nie da, wenn man dich braucht", „Du stellst mich nie deinen Freunden vor". Beschuldigungen und Schuldvorwürfe begleiten mehr oder weniger jede Beziehungsfalle. Sie sind die Kriegsmusik der Liebe und der Speck, mit dem die Maus in der Falle gefangen wird. Erinnern wir uns: Bereits dem ersten Dialog zwischen Gabriele und Thomas konnten wir Vorwurf auf Vorwurf entnehmen: Du liest zum falschen Zeitpunkt und das auch noch im Dunkeln! Du bist unromantisch und bemerkst die schöne Abendstimmung nicht! Du arbeitest als einziger auch noch zu Hause! Du beziehst deine Spannung wohl nur aus Büchern! Du bist ein ziemlicher Langweiler!

Wer so beschuldigt wird, holt zum Gegenschlag aus oder versucht mehr oder weniger hilflos, der ihn überrollenden Gefühlswelt durch Hinweise auf die Realität und seine wirklichen Absichten zu entkommen.

Sich schuldig zu fühlen ist ein unangenehmes Gefühl. Es beengt, macht ohnmächtig, drückt auf die Stimmung und erinnert daran, daß man einer Erwartung nicht entsprochen oder etwas Wichtiges vergessen, den Partner vielleicht enttäuscht und um sein Glück betrogen ist. Und wer will schon gern des anderen Unglück sein?

SCHULDZUWEISUNGEN UND SCHULDGEFÜHLE

■ Schuldzuweisungen

Wer beschuldigt, will mit den Vorwürfen etwas bewirken, will Schuldgefühle erzeugen und hofft, daß der Partner darauf reagiert. Die Beschuldigung ist ein Versuch, mit dem anderen in Beziehung zu treten, ihn zu provozieren, sich ihm mit der eigenen Verzweiflung zu nähern, ohne diese als eigenes Gefühl offen zum Ausdruck zu bringen. Was wir dem anderen nicht direkt sagen können oder schon lange einmal sagen wollten, werfen wir ihm jetzt als knallharten Vorwurf vor die Füße.

> Immer. Und wenn du nicht mehr ausweichen kannst, dann vermeidest du es peinlichst, mich vorzustellen.

Wie ein Damoklesschwert hängt die Illusion von der sogenannten wirklichen Liebe, in der alles richtig läuft, über dem Alltag jeder Beziehung. Sie speist die Schuldzuweisungen, die man für den anderen erfindet und die ihn für sein Versagen in den gemeinsamen Schwierigkeiten oder gar für das Mißlingen der Liebesbeziehung verantwortlich machen. „Wenn du schon nicht *immer* an mich denkst oder mich nicht mehr *wirklich* liebst, dann fühle dich wenigstens schuldig dafür, daß es mir dabei schlecht geht, denn schließlich hast du mir versprochen, daß du mich *immer* lieben wirst" – so lautet die Berechtigung, mit der man hartnäckig an der Tür des anderen pocht und manchmal diese Tür auch eintritt.

In Paargesprächen, die mit verallgemeinernden Vorwürfen arbeiten, wird der Versuch unternommen, die ins Stocken geratene oder unbefriedigende Beziehung über das Erzeugen

Sich schuldig zu fühlen beengt, macht ohnmächtig, erinnert daran, daß man einer Erwartung nicht entsprochen hat

von Schuldgefühlen wieder aufzunehmen, indem der Partner an die allgemeine, durch Heirat und gemeinsame Wohnung dokumentierte Liebespflicht erinnert wird. Die eingeklagte „ewige Liebe" soll wie ein absoluter Anspruch wirken, durch den die eigenen Vorstellungen von der Liebe zu einem verpflichtenden hindern, die jedes Paar täglich vor allem in seinen Gesprächen machen kann: Hier sind sich zwei Menschen begegnet, die einander fremd sind und deren Liebe und Beziehungswunsch den Gang durch die Fremde erforderlich macht, damit eine fruchtbare und streitbare Beziehungskultur entstehen kann.

Das ist überhaupt kein Quatsch! Ich weiß doch, was ich sehe. Ich steh' dann vollkommen bescheuert da. Die wissen doch überhaupt nicht: bin ich jetzt deine Frau oder nur deine Geliebte.

Jeder weiß, daß du meine Frau bist. Kein Mensch käme da auf andere Gedanken. Ich weiß gar nicht, was du heute hast?!

Befehl für den anderen werden. Versprochen ist versprochen, bis daß der Tod uns scheidet! Die Sehnsucht der Liebenden nach der Erfüllung ihrer Liebe verwandelt sich in eine Anspruchshaltung. Die Umsetzung in die Realität der Beziehung obliegt im Moment der Beschuldigung ganz offensichtlich dem, dessen Versagen gerade angeklagt wird. In wechselseitiger Abhängigkeit warten beide Partner darauf, daß der jeweils andere die eigene Vorstellung von der Liebe erfüllt, letztlich fraglos und ohne Worte das Gleiche darunter versteht. Die „totale" Liebe beruht auf der „totalen Gemeinsamkeit" und erfüllt alle Träume, weil niemand jemanden so gut versteht wie der Partner. Das sind Illusionen, die die Erkenntnis und Einsicht be-

Abhängigkeit, Zwang, Kontrolle und Besitzdenken sind häufig Ursachen für das spätere Scheitern vieler Beziehungen

Die Liebe ist nicht nur ein „Kind der Freiheit" (Lukas), sondern auch das Kind eines Zufalls, des Zufalls einer Begegnung zweier Menschen, eines Zufalls mit unübersehbaren und unplanbaren Folgen. Paare sind dennoch nicht ganz so unwissend. Jedes verliebte Paar hat zumindest eine Ahnung davon, wie unsicher es ist, den Zustand des Verliebtseins in eine dauerhafte Liebesbeziehung umzusetzen, nicht zuletzt aufgrund der Erfahrungen mit den eigenen Eltern, die nur in seltenen Fällen ein nachahmenswertes Beispiel vorleben konnten. Aus ahnender Skepsis und Sicherheitsstreben beginnen die meisten Menschen deshalb sehr schnell damit, die zufällige, beglückende und damit auch angstmachende Begegnung in ein

„festes" Verhältnis umzustrukturieren, in dem dann Abhängigkeit, Zwang, Kontrolle und Besitzdenken oft sehr schnell die Oberhand gewinnen, jene häufigen Ursachen für das spätere Scheitern vieler Beziehungen. Am Anfang werden tausend Fragen gestellt, und eigentlich bleibt nichts ausgespart. Manches sieht dabei nicht wie eine zukunftsbestimmende Überprüfung aus, sondern findet heimlich, still und leise statt.

Bei dem Versuch, eine gemeinsame und sichere Basis herzustellen, wird deshalb direkt oder heimlich indoktriniert, wie Michael Lukas Moeller diesen Prozeß der Herstellung einer Beziehung mit gegenseitiger Disziplinierung nennt. Gerade der heimliche, dem Partner oft unbekannte und unbewußte indirekte Lehrplan in der Beziehung eignet sich im Alltag ganz besonders für spätere Schuldzuweisung. Ungesagtes und Unabgesprochenes, als Selbstverständlichkeit Unterstelltes sind die Hauptvorwürfe. Je unklarer und vielleicht auch wirrer die Vorstellungen von den Traummännern und Traumfrauen sind, die in den realen Beziehungen nur selten lange überleben, desto phantasiereicher und leidenschaftlicher sind auch die Beschuldigungen.

■ Schuldgefühle

Schuldzuweisung und Beschuldigung können in der Kommunikation zwischen zwei Menschen auf Dauer eine bedeutende Funktion bekommen, und viele von uns wissen aus eigenen Erfahrungen, wie bindend Schuldgefühle sein können. Einem Kind, dem man gleich zu Anfang seines Lebens das Gefühl vermittelt, es sei ein Unglück für die Eltern, eigentlich eine Belastung und Zumutung für die ganze Welt, raubt man nicht nur das entscheidende Lebensgefühl, sondern bindet es gleichzeitig an ein Schuldgefühl. In der Regel wird ein solches Kind versuchen, das Gegenteil zu beweisen, und Himmel und Hölle in Bewegung setzen, um die, von denen es geliebt werden will, nicht noch weiter zu enttäuschen. Dabei kann es scheitern, und in diesem Fall werden Kinder dann wirklich in ihrem Unglück manchmal zu einem Unglück für die anderen Betroffenen.

Ein Lebenspartner, dem man vorwirft, er sei das Unglück des anderen, wird sich in der Regel ebenfalls darum bemühen, das Gegenteil zu beweisen und der Beschuldigung etwas entgegenzusetzen. Es ist nicht erlaubt, ein langweiliger Partner zu sein und dies auch noch mit einer positiven Selbsteinschätzung zu verbinden. Natürlich gibt es langweilige Menschen, aber in der „glücklichen Paarbeziehung" haben wir nicht das Recht, den Partner zu langweilen, wenn die-

So merkwürdig es klingen mag: Schuldgefühle regulieren das Sozialverhalten und sind ein wichtiges Mittel, um den Partner auf Trab zu halten und in seinem Sozialverhalten nachhaltig zu beeinflussen

Das ist doch Blödsinn! Manchmal fällt mir der Name von jemandem nicht mehr ein. Dann guck' ich schon mal weg. Ich mag diese peinlichen Situationen nicht.

Fatal: Kontrollspiele mit Hilfe von Vorwürfen und Beschuldigungen

ser darunter leidet! Aus dem langweiligen Partner wird oft schnell ein beziehungsunfähiger Partner, einer der Unglück verbreitet, während er glücklich machen soll.

So merkwürdig es klingen mag: Schuldgefühle regulieren das Sozialverhalten und sind ein wichtiges Mittel, um den Partner auf Trab zu halten und in seinem Sozialverhalten nachhaltig zu beeinflussen. Auch Mütter und Väter wollen nicht enttäuscht werden, ebensowenig Lehrer, Arbeitskollegen und Vorgesetzte. Selbst der Staat will nicht von uns enttäuscht werden und rechnet wie die anderen mit den entsprechenden Schuldgefühlen. Von dem Schuldgefühl, man habe irgendetwas falsch gemacht und werde gerade dabei erwischt können sich die wenigsten Menschen frei machen, wenn plötzlich ein Polizeiauto hinter ihnen herfährt. Eine wesentliche Form der Beeinflussung und des Einklagens des normierten Verhaltens auch in den privaten Beziehungen ist deshalb die Kontrolle. Sie sucht zu erreichen, was eben

nicht selbstverständlich ist und sich auch nicht aus dem „Einssein" einfach ergibt. Auf Kontrollspiele mit Hilfe von Vorwürfen und Beschuldigungen lassen sich Paare auf unterschiedliche Weise ein. Nicht immer ist ihnen dabei bewußt, daß durch diese Art von Kontrollspielen Abhängigkeit, Zwang und Besitzdenken eingeübt werden. Vielfach sind beide Partner blind für diese Dimension, und es sind viele Gespräche erforderlich, um diese Verstrickung rückgängig zu machen.

So kann es passieren, daß Menschen, die eine Paarbeziehung eingehen, plötzlich nicht mehr selbstverständlich allein ins Kino gehen können, ja überhaupt einmal alleine sein können. Es ist auch nicht mehr ohne weiteres gestattet, die alten Freunde allein aufzusuchen, allein zu verreisen oder ohne stichhaltige Erklärung einfach traurig zu sein. Wie in der Pubertät müssen manche wieder um Taschengeld bitten und trauen sich nicht, ohne Rückfrage ein Kleidungsstück zu kaufen oder die Frisur zu ändern.

> **Das Gefühl, daß man etwas gegen den anderen tut, wenn man etwas für sich tut, beherrscht viele Paarbeziehungen. Es ist aber nur selten Ausdruck grenzenloser Liebe**

SCHULDGEFÜHL UND FREIHEIT

DIE LUST AN DER SCHULD

Neben die Freiheit, die jeder Mensch braucht, tritt ein dauerhaftes Schuldgefühl, daß diese Freiheit die Beziehung gefährden und den anderen unglücklich machen könnte. Die Kunst der freien Bindung will geübt sein. In der Realität der Paarbeziehung wird viel an der Bindung und wenig an der Freiheit und Unabhängigkeit der einzelnen Partner gearbeitet. Eigentlich geht es um einen bewegten Wechsel von Distanz und Nähe, von Sich-Einlassen und Wieder-Loslassen, von Gemeinsamkeit und Alleinsein. Aus Einstellungen wie „Ein Paar sollte alles gemeinsam tun", „Ich muß meinen Partner glücklich machen", „Partner haben keine Geheimnisse voreinander" (Lazarus) erwachsen Schuldgefühle aller Art, mit denen sich die Partner aneinander binden: Wenn ich mich langweile, mußt du etwas tun; wenn ich unglücklich bin, mußt du das Glück zaubern; wenn du allein sein willst, gefährdest du die Beziehung; wenn das von mir verdiente Geld nicht reicht, liegt das an dir: du kannst es nicht einteilen; Freunde und Bekannte sind dir wichtiger als ich.

Gibt es so etwas wie die Lust an der Beschuldigung und an einem Leben in Schuldgefühlen? Vielleicht ist es zunächst keine Lust, sondern eher eine Art Gewohnheit, ein Alltagsverhalten, das schon sehr früh als Muster gelernt und eingeübt wird. Eingekleidet in bestimmte Redewendungen, Handbewegungen und Stimmlagen, mit einem Gesicht, das Bände spricht, sind Beschuldigung und Schuldgefühle unsere Begleiter von Kindesbeinen an. Ganz offensichtlich tragen sie mit ihrer Funktion der Kontrolle wesentlich zur Herstellung von sozialem Verhalten und sozialen Beziehungen bei, zu denen auch die Paarbeziehung gehört. Jedes Kind, das zunächst alles dafür einsetzt, um von den Eltern geliebt und anerkannt zu werden, wird in gleicher Weise alles dafür einsetzen, um das Schuldgefühl abzutragen, das entsteht, wenn es die Eltern enttäuscht hat. Manchmal reicht eine Ent-Schuldigung, um diese Last loszuwerden. Mitunter wird aber die Bindung über das Schuldgefühl immer fester gezogen. Dann scheint es kein Entkommen zu geben, und nur mit Hilfe von außen kann ein Mensch sich befreien. Und manchmal wird auch ein ganzes Leben in Schuld daraus.

Liebe und Schuldgefühl sind in den Beziehungen von Menschen

Wichtig: der Wechsel von Distanz und Nähe, Sich-Einlassen und Wieder-Loslassen, Gemeinsamkeit und Alleinsein

Ist doch überhaupt nicht wahr! Wenn es nämlich um was geht, dann fällt dir jeder Name ein!

Wir lernen früh, Dinge nicht aus innerer Überzeugung zu tun, sondern weil wir gefallen wollen

eine geradezu unausweichliche Verbindung miteinander eingegangen, denn der Wunsch, geliebt zu werden, ist so mächtig in uns, daß auch die Angst vor Liebesverlust uns vom ersten Atemzug an begleitet und natürlich um so größer ist, je abhängiger wir sind oder uns fühlen. Aus dieser Angst heraus sind wir besonders hellhörig für die Kritik von Menschen, denen wir uns liebend verbunden fühlen, denn ihre Kritik – so sachlich sie auch sein mag – bedroht potentiell (in der Wahrnehmung eines ängstlichen Menschen) immer gleich die ganze Liebe. Die zusätzliche Angst, wir selbst könnten die Liebe verspielen und möglicherweise an einer Trennung schuld sein, motiviert zu den unterschiedlichsten Bewegungen und Maßnahmen. Tritt das Schlimmste ein, was man befürchtet hat, die Trennung, dann geht die leidende Beschuldigung los: Ich wurde verlassen, ohne Grund, ich bin ein Opfer, ich habe keine Schuld. Damit ist die Falle zugeschnappt, denn wer sich verteidigt, hat ein schlechtes Gewissen – sagt der Volksmund.

Im Muster von Schuld, Beschuldigung und Schuldgefühl zu leben heißt im Klima der Verdächtigung und des schlechten Gewissens zu leben. Blumen zu einem überraschenden Zeitpunkt lösen deshalb nicht immer spontane Freude aus, sondern manchmal eher die mißtrauische Frage: Was will der Blumenspender verbergen, was will er eigentlich erreichen, für was sind die Blumen Vorbote? So ganz abwegig aber sind diese Fragen gar nicht, denn wir lernen früh, Dinge nicht aus innerer Überzeugung zu tun, sondern weil wir gefallen wollen, weil wir vor den Augen der anderen Menschen gut dastehen wollen. Um Vorwürfen zu entgehen, werden wir gefällig, drücken uns indirekt aus, wagen das eigene Leben immer weniger und beschuldigen lieber andere Menschen dafür, daß wir nicht leben. Für den Beschuldiger gilt: Solange ich indirekt im Schatten des Vorwurfs gegen den anderen agiere, muß ich mich selbst nicht zu erkennen geben, kann ich also erst einmal abwarten, wie mein Gegenüber reagiert.

> **Vor allem in der Form der Verallgemeinerung gefährdet die Beziehungsfalle Schuld und Beschuldigung nicht nur die Liebe, sondern auch die Bereitschaft, die Verantwortung für das eigene Leben wirklich zu übernehmen**

SICHERHEIT DURCH SCHULDGEFÜHLE?

Daß sich dieses Beziehungsmuster trotz aller Argumente und unangenehmen Erfahrungen so ungebrochen durch alle Generationen hindurch hält, hängt neben der langen Übung mit der Tatsache zusammen, daß Schuldgefühle eine Beziehung auch sichern und stabilisieren können. Was so unwahrscheinlich klingt, ist erklärbar. In der Beziehung eines Paares können Schuld und Beschuldigung dann beziehungsfördernde Verhaltensweisen verstärken, wenn die Beziehungsfalle wirklich einschnappt, wenn Schloß und Schlüssel zueinander passen. Zwischenmenschliches Fehlverhalten wird in der Beschuldigung angeklagt und auch verbal „bestraft", denn irgendwie macht der Vorwurf ja darauf aufmerksam, daß etwas nicht stimmt, selbst dann, wenn nur der Ankläger dieser Meinung ist. Wer sich nicht richtig und wie erwartet verhält, soll den Vorwurf hören und die Beschuldigung darin annehmen. Entwickelt der Angeklagte daraufhin Schuldgefühle, sollen diese ihn dazu veranlassen, sein Verhalten zu ändern. In diesem Fall können Schuldgefühle wie eine indirekte Ent-Schuldigung wirken. Der schuldbewußte Partner versucht beispielsweise aufmerksamer zu sein oder etwas gutzumachen. Auch das lernen Kinder intuitiv: Wenn sie etwas angestellt haben, sind sie manchmal danach besonders zuvorkommend und ungewöhnlich brav. Schuldzuweisung und das Herstellen von Schuldgefühlen sind oft auch ein Versuch, den eigenen Einfluß in der Beziehung zu vergrößern. Ein anderer Versuch ist die Zuschreibung negativer Eigenschaften, mit der man festzulegen versucht, welcher Partner sich zu verändern hat. Davon handelt das nächste Kapitel.

> **Schuldzuweisung und das Herstellen von Schuldgefühlen sind oft auch ein Versuch, den eigenen Einfluß in der Beziehung zu vergrößern**

Thomas, weißt du, was ich im Urlaub unheimlich gerne täte? Ich würd' gern mal 'ne richtige Kreuzfahrt mitmachen.

??

Doch, warum nicht? Das stell' ich mir total toll vor: den ganzen Tag nur in der Sonne liegen am Swimmingpool, Löcher in den Himmel starren, und dann bedient werden von vorn bis hinten.
Toll!

Und dich dann den ganzen Tag um- und an- und aus- und wieder anzuziehen...

Komm, du mußt grad' was sagen! Sei doch nicht so arrogant! Was der Bauer nicht kennt, das frißt er nicht, oder wie? Du bist doch hier der Spießer, du hast doch immer Schiß vor allem Neuen! Ich kann doch aus Spaß mal so was wollen...

Aus Spaß?! Weißt du überhaupt, was so'n Spaß kostet!? Da kommt mal wieder deine ganze Maßlosig-keit durch!

ZUSCHREIBEN NEGATIVER EIGENSCHAFTEN

Ebenfalls sehr beliebt im Beziehungsclinch ist die Beziehungsfalle Nr. 3: dem anderen negative Eigenschaften als Charaktermerkmale anzuhängen. Solche Etikettierungen bringen den Partner schnell auf 180, und Veränderungen in der Paarbeziehung werden dadurch garantiert nicht gefördert

BEZIEHUNGSFALLE NR. 3

In Gesprächen möglichst konkret zu sein ist sehr hilfreich und trägt zu ihrem Gelingen bei. Dagegen blockiert es das Gespräch, dem Partner bestimmte Eigenschaften zuzuschreiben. Dagegen hilft nur, statt dessen bestimmte Verhaltensweisen anzusprechen. Und von seiten des Partners wird das Gespräch gefördert, wenn er sein Gegenüber bestärkt, offen zu sprechen

Das Problem der Zuschreibung negativer Eigenschaften besteht – abgesehen von der Beschuldigung und der Verlagerung des Schwerpunkts im Gespräch von einem selbst auf den Partner – darin, daß blitzschnell *konkrete Verhaltensweisen in konkreten Situationen* zu *Charaktereigenschaften* festgeschrieben werden. Derart festgenagelt zu werden führt zu Ärger – unabhängig vom Inhalt der Zuschreibung – schon allein wegen der (vielleicht verzweifelten) Überheblichkeit, die der Partner in solchen Augenblicken zur Schau stellt. Man kann es aber auch noch ein bißchen ernster sehen:

Wenn Gabriele, aus ihren Kreuzfahrtträumen jäh herausgerissen, als Spießerin tituliert wird, scheint sie in diesem Augenblick zu erfahren, was Thomas wirklich über sie denkt und in der Vergangenheit wohl nur zurückgehalten hat. Selbst wenn Thomas von dieser Einschätzung später wieder ein wenig abrückt, bleibt leicht das Mißtrauen, er habe es doch so gemeint. Gerade diese scheinbar leichtgewichtigen und mäßig spitzen Pfeile sind es, die den Menschen und damit der Beziehung auf Dauer eine Verletzung nach der anderen

zufügen – bis die Beziehung nach lauter „kleinen" Kränkungen eines Tages schwerkrank und nicht mehr lebensfähig scheint. Wir schießen vielleicht um so mehr solcher Pfeile ab, je weniger ernst wir es damit meinen, und vergessen dabei, daß wir nicht wissen können, wo die Pfeile den Partner treffen und wie sie ihn verletzen können. Das Nicht-wissen-Können ist ein grundsätzliches Kommunikationsproblem. Deshalb wollen wir uns an Regeln gewöhnen, die das Zuschnappen von Beziehungsfallen verhindern können. Diese Regeln sollen keineswegs immer Konflikte vermeiden. Im letzten Kapitel haben wir begonnen zu üben, wie wir einander negative Gefühle so mitteilen, daß sie vom anderen ohne Abwehr wahrgenommen werden können und damit Veränderungen durch das produktive Gespräch in der Beziehung überhaupt möglich werden. Es ist also nicht richtig, um der Harmonie willen vor dem Partner zu verbergen, was uns an ihm stört. Wir sollten im Gespräch aber von *Verhaltensweisen* statt von *Eigenschaften* und immer von konkreten Situationen ausgehen.

Schauen wir uns die Szene zwischen Thomas und Gabriele noch

einmal an. Sie schaukeln sich gegenseitig in der Zuschreibung häßlicher Eigenschaften hoch: Gabriele ist spießig, Thomas arrogant und borniert, Gabriele maßlos. Mit diesen Zuschreibungen kränken sie sich gegenseitig und blockieren die Wahrnehmung von konkreten *Verhaltensweisen,* gegen die man ja was tun könnte. Mit diesen beiden Aspekten hängt noch ein Dritter zusammen: Weil Thomas, statt erst einmal offen zuzuhören und nachzufragen, gleich massiv beleidigend abblockt, erfährt er nicht, welche Bedürfnisse sich in Gabrieles Träumen melden. Sie könnten ihm ja auch gefallen und müßten gar nicht unbedingt auf einer Kreuzfahrt befriedigt werden. Vielleicht möchte Gabriele nur auf eine bestimmte Art verwöhnt werden, und das wäre auch woanders und preiswerter möglich. Die Frage, ob etwa ein Abenteuerurlaub auf einem Frachtschiff auch seinen Reiz haben könnte, kann durch das Gesprächsverhalten der beiden gar nicht aufkommen. Wenn aber Paare mit einem Thema in der Partnerschaft erst einmal ernsthaft Schiffbruch erlitten haben, wird wahrscheinlich das Äußern verwandter, ähnlich gelagerter Bedürfnisse in Zukunft sicherheitshalber vermieden.

KOMMUNIKATIONS-REGELN FÜR DAS PAARGESPRÄCH III

Um die *Beziehungsfalle Nr. 3 (Zuschreiben negativer Eigenschaften)* zu vermeiden, erweitern wir unsere Gesprächsregeln. Es ist besser, über störende, aber vielleicht veränderbare *Verhaltensweisen* offen miteinander zu reden, als den Partner zu verärgern und ihm negative *Eigenschaften* zuzuschreiben. Eine Erweiterung der Regeln gibt es wieder auf der Sprecher- und der Zuhörerseite:

Wir sollten im Gespräch von Verhaltensweisen statt von Eigenschaften und immer von konkreten Situationen ausgehen

KOMMUNIKATIONS-REGELN III

● *beim Reden:* sich öffnen, von sich reden, konkrete Situationen ansprechen, konkrete <u>Verhaltensweisen ansprechen</u>
● *beim Zuhören:* offen zuhören und zusammenfassen, offen nachfragen, <u>den Partner bestärken</u>

■ Erläuterungen zu den Regeln

Was heißt es für den jeweiligen Partner in der Zuhörerrolle, sein Gegenüber zu bestärken?
Gabriele und Thomas haben uns in der letzten Szene ahnen lassen, wie lebensverengend

schnelle Urteile sein können. In der Tat wird die Ehe, wenn die Phase der Verliebtheit vergangen und gute Kommunikationsfertigkeiten nicht entwickelt sind, von vielen als Fessel, Joch oder gar als Gefängnis empfunden, aus dem man wegen verschiedener Abhängigkeiten, Ängste und Gewohnheiten nicht mehr ausbrechen kann. Andere „sprengen die Fessel" schließlich doch und trennen sich, oft unter großen Schmerzen und mit lebenslangen Schäden für sich und die Kinder. Die Erwartung an die Partnerschaft, vom anderen in allen Vorzügen und Besonderheiten und Wünschen erkannt und liebevoll

Partner als Einschüchterung auswirken und zu weiterem Verzicht auf Lebensperspektiven führen. Offen zuzuhören, nachzufragen, weil man nicht schon alles vom Partner weiß, ihn schließlich dazu zu *ermutigen,* seine Gefühle, Sorgen, Enttäuschungen, freudigen Erwartungen, seine Neugier und seine Ängste vertrauensvoll mitzuteilen – das meint die Zuhörregel „den Partner bestärken".

Man kann den Partner schon durch einen aufmerksamen Gesichtsausdruck bestärken, durch Ausredenlassen und verständiges Zusammenfassen, durch bloßes Kopfnicken, während er spricht; aber durchaus auch durch Worte der Freude darüber, daß es ihm gerade gut gelingt, sich zu öffnen, daß er vielleicht neue Seiten von sich zeigt oder problematische Verhaltensweisen des Zuhörers in einer für diesen annehmbaren Form offenlegt.

Eine solche positive Rückmeldung an den Partner ist *nonverbal immer* möglich, verbal vor einer Zusammenfassung oder danach, vor oder nach einer Nachfrage und natürlich auch, wenn es zum Wechsel der Sprecher- und Zuhörerrolle kommt. Einen solchen Wechsel wollen wir in diesem Trainingsabschnitt zum ersten Mal üben.

Thomas, weißt du, was ich im Urlaub unheimlich gerne täte? Ich würd' gern mal 'ne richtige Kreuzfahrt mitmachen.

Eine positive Rückmeldung an den Partner ist nonverbal immer möglich

gefördert zu werden, erfüllt sich oft nicht. Einen sehr großen Anteil daran hat der Kommunikationsfehler, vom anderen alles wissen zu meinen, ihn spontan zu beurteilen und ihm nicht erst lange zuzuhören.

Jede Zuschreibung einer negativen Eigenschaft, jedes Nichtausreden-Lassen kann sich beim

Themenvorschläge

In die Gesprächsübungen können jetzt tatsächliche Fragen aus der Paarbeziehung einbezogen werden. Sie sollten also damit beginnen, echte eigene Themen „mittlerer Konfliktgüte" für Ihr regelrechtes Paargespräch heranzuziehen. Mit folgenden Themen können Sie die Übung beginnen:
■ Sie sprechen in Offenheit über Ihre Urlaubsvorstellung, wohin Sie gerne einmal reisen würden, wie Sie sich Ihren Urlaub vielleicht einmal anders wünschen.
■ Sie sprechen über Hobby- und Freizeitinteressen, was Sie gerne einmal mit dem Partner unternehmen würden (Tanzen gehen, Leute kennenlernen) und was Sie vielleicht gerne allein angehen wollen (Fortbildungskurse besuchen usw.).
■ Sie besprechen in aller Offenheit die Aufgabenverteilung im Haushalt neu. Dazu gehört auch der Einkauf oder der Besuch von Elternversammlungen in der Schule usw.

Die Aufgabe

Vereinbaren Sie möglichst vorher einen Zeitpunkt für die Übung des Paargesprächs. Diesmal üben Sie schon mit drei Sprecher- und drei Zuhörerregeln. Später kommt es darauf an, im Gespräch alle Regeln gleichermaßen anzuwenden. Diesmal gilt Ihr Hauptaugenmerk den beiden neu hinzugekommenen: *konkrete Verhaltensweisen ansprechen* und *den Partner bestätigen*.

In allen drei Beispielthemen lauert die Beziehungsfalle der *Zuweisung negativer Eigenschaften*: Urlaubsvorstellungen, Freizeitinteressen und Aufgabenverteilung im Haushalt sind für den einzelnen in der Regel von so großer Bedeutung, daß er oft mit allen ihm zur Verfügung stehenden Mitteln seine Interessen durchzusetzen versucht. Den anderen für unrealistisch, borniert, übergeschnappt, typisch Mann, typisch Frau, langweilig, faul, oberflächlich, herrschsüchtig und rechthaberisch zu erklären, und diese Zuschreibungen auch noch als allen längst bekannte Dauereigenschaften zu interpretieren, gehört zum gängigen Waffenarsenal. Damit soll das Gegenüber geschwächt, verunsichert und als gleichberechtigter Partner unmöglich gemacht werden.

Beim Üben sollten Sie deshalb die Themen offen und ohne das Ziel einer endgültigen Entscheidung diskutieren. Es geht zunächst nur um das Einüben eines fairen Gesprächsstils und natürlich um das Vergnügen, sich selbst und den Partner im offenen Gespräch zum Teil ganz neu zu erleben. Wenn Sie den anderen ausreden lassen, nicht gleich bewerten oder abblocken, werden Sie viel mehr über den Partner und auch über sich selbst erfahren als bisher im Gespräch. Wenn Sie keine Eigenschaften zuweisen, sondern sich beispielsweise an konkrete Urlaubssituationen erinnern, erkennen Sie

Diesmal üben Sie schon mit drei Sprecher- und drei Zuhörerregeln

Wenn Sie keine Eigenschaften zuweisen, sondern sich an konkrete Situationen erinnern, erkennen Sie vielleicht auch, woher bestimmte Verhaltensweisen kommen

vielleicht auch, woher bestimmte Verhaltensweisen kommen. „Du und Italien entdecken! Beim letzten Mal in Florenz, da hast du doch schon nur im Hotel gesessen!" Dies ist eine Zuschreibung. Eine konkrete Erinnerung fördert dagegen das Verständnis für den Partner: „Richtig, du hattest dir die Füße wundgelaufen und dir eine Infektion geholt." Wenn sich die ersten Erfolge des Übungsprogramms zum Beispiel darin zeigen, daß Sie im Gespräch erstaunt ganz neue Seiten Ihres Partners entdecken, dann üben Sie sich bewußt in der Regel, den Partner darin zu bestärken, sich offen mitzuteilen. Vielleicht muß er auch bestärkt werden, wenn er manches nur sehr stockend und mit großen Pausen äußert.

Nun wechseln die Sprecher- und Zuhörerrollen: der Dialog entsteht

■ Wechsel der Rollen

Während sich bei den bisherigen Übungen der eine Teilnehmer anfangs auf die Sprecherrolle und der andere auf die Zuhörerrolle festlegen sollte und diese Konstellation bis zum Ende der Übung durchgehalten werden sollte, ist ab jetzt der regelgerechte Rollenwechsel erwünscht: Einer beginnt das Gespräch, der andere faßt nach ein bis drei Minuten zusammen, hat vielleicht eine Nachfrage (noch als Zuhörender). Der Sprecher beantwortet sie und fährt fort, seine Interessen und Wünsche zu entwickeln. Der Zuhörende faßt wieder zusammen und kann nachfragen, auch bestärken.

Hat der Sprecher sich im ersten Schritt ausreichend verständlich gemacht, kann der bis dahin Zuhörende *nach* der gewohnten Zusammenfassung selbst das Wort ergreifen. Dafür dreht er das Regelfaltblatt um, das zwischen den beiden steht, so daß er sich beim Reden immer wieder an den Sprecherregeln orientieren kann. Jetzt wird er zu dem bisher Gehörten Stellung nehmen und seine eigenen Vorstellungen entwickeln. Nun muß der Partner offen zuhören, zusammenfassen und nachfragen, bestärken und selbst das Wort wieder ergreifen (mit Umdrehen des Faltblattes), wenn es der Gesprächsverlauf erfordert.

Sie sollten das jeweilige Thema auf diese Weise möglichst noch nicht bis zu einem Ergebnis diskutieren, sondern sich zunächst nur im Training über einige Ihrer Vorstellungen austauschen.

■ Zur besonderen Beachtung

Sie sollten jetzt deshalb noch nicht zu einem endgültigen Ergebnis eines für Sie beide wichtigen Themas kommen, weil die Übungen noch hölzern sind, die Hauptaufmerksamkeit auf das Einhalten der Regeln gerichtet ist. Ein nach den Regeln korrekt zustande gekommenes Ergebnis, das Sie festlegt, könnte als fauler Kompromiß oder vorschnelle Entscheidung empfunden werden, in die noch nicht alle wichtigen Aspekte eingegangen sind.

Das Gesprächstraining hat nach einiger Übung in der Tat den Effekt, daß viel mehr Informationen partnerschaftlich ausgetauscht werden und dann in Entscheidungen einfließen als vorher. Das bereiten Sie jetzt aber erst vor. Sie bauen mit dem Üben der Regeln sozusagen erst ein neues Kommunikationssystem auf, und noch haben Sie nicht alle Kommunikationsregeln kennengelernt.

■ Wahrnehmungstraining leichtgemacht

Bei der letzten Verwöhnidee ging es darum, mit feinen Antennen die manchmal nur schwach signalisierten Wünsche des Partners wahrzunehmen, zu notieren, zu erfüllen und mit ihm auch darüber zu sprechen, ob die Sender-Empfänger-Kommunikation wirklich richtig funktioniert hat. Hier nun eine weitere Verwöhnvariante:

Halten Sie an einem (vielleicht wechselnden) Verwöhntag in der Woche fest (jeder hat natürlich seinen Extratag). Legen Sie sich zwei Dosen oder Kästchen zu. Jeder überlegt sich im Laufe der Zeit bestimmte *Verhaltensweisen,* die er sich an dem Verwöhntag vom anderen wünscht. Er legt Zettel mit seinen Wünschen in seine Dose, so daß der Partner ab und zu nachschauen und sich für ein Wunschverhalten entscheiden kann.

Das Verwöhnen kann einen weiteren Effekt haben: Vielleicht kann man dem Partner bald keine *negativen Eigenschaften* mehr zuschreiben, wenn er soviel Gelegenheiten bekommt, *positive Verhaltensweisen* zu trainieren! *Er* wird vielleicht ein besserer Koch, wenn er anfängt, liebevoll das Abendessen vorzubereiten; *Sie* ist vielleicht nicht länger als technische Null verschrien, wenn sie ihm aufmerksam und geduldig bei der Erklärung des neuen Videorecorders zuhört.

Auch diese Verwöhnidee ist eine versteckte Wahrnehmungsübung.

Diesmal geht es darum, eigene Wünsche und Bedürfnisse bei sich wahrzunehmen. Wer das schon lange nicht mehr getan hat, wird sich wundern, wie wenig ihm einfällt.

Wunschlos glücklich – das kann auch heißen: Ich spüre keine Wünsche. Der Kontakt zu mir ist unterbrochen. Mein eigenes Kommunikationssystem ist gestört. Aber keine Panik, dagegen kann man etwas tun, zum Beispiel mit der Zetteldose.

Verwöhnidee: Jeder wünscht sich vom anderen bestimmte Verhaltensweisen

ICH SEHE WAS,
WAS DU NICHT SIEHST

Mit der Bildung des Charakters versuchen Menschen, sich von vornherein gegen äußere Anforderungen und Gefahren zu wappnen. Solche typischen Eigenschaften suchen sie auch in ihrem Partner. Charakteranalysen sind für den Partner jedoch nicht nur äußerst ärgerlich, sondern setzen insbesondere in der Form der Wiederholung und Stereotypisierung auf Dauer sein Selbstwertgefühl herab

Hör auf, so herumzubrüllen. Ich hasse diese vulgären männlichen Eigenarten. Einen anständigen Umgangston hast du in deiner Sippe wohl nicht gelernt. – Hör mit dem Geheule auf. Du bist einfach hysterisch, genau wie deine Mutter. Typisch Frau! – So oder ähnlich klingt es leider in so manchem Ehekrach.

FEHLERSUCHE BEIM ANDEREN

Die Liste der Möglichkeiten, Liebe, Respekt und Intimität in einer Beziehung zu erschweren, ist nahezu unerschöpflich. Manche Beziehungspartner liegen immer auf der Lauer, um Minuspunkte des anderen zu sammeln. Wie Spanner oder Agenten suchen sie nach Beweismitteln, um dieses „Wissen" in einem Augenblick zu präsentieren, der für den Partner besonders peinlich ist. Mit dem Reizwort für die Charakterisierung des anderen wird das Ende einer sachlichen Auseinandersetzung eingeleitet. Auch wenn wir uns selbst nicht gleich zum Agenten entwickeln, kennen die meisten von uns diese grundsätzliche Haltung, nach Fehlern, Eigenschaften und Auffälligkeiten zu suchen. Nicht zuletzt erinnern wir uns an unsere Kindheit, als jeder bei den Eltern sein „Sündenkonto" hatte. Manche Kennzeichnungen sind uns geblieben: Wir waren ein ruhiges, nervöses, trotziges, gewalttätiges, ganz braves oder feiges Kind, und oft sagen wir gerade bei schwierigen Eigenschaften, daß wir schon als Kind so waren. Wenn wir unseren Partner kennenlernen, beginnt sogleich die Suche nach den negativen und schwierigen Eigenschaften, mit denen wir schwerer umgehen können. Unbewußt sind in uns viele unausgesprochene Fragen, und je intimer diese sind, desto weniger stellen wir sie, sondern versuchen sie durch eigene Beobachtung zu beantworten. Wie benimmt sich der Partner bei meinen Eltern und Freunden, wie in schwierigen Situationen? Wie fährt er Auto, vor allem wenn ich auf dem Beifahrersitz sitze und Angst habe? Wie sind seine Freizeit- und Urlaubsgewohnheiten? Wird er morgens beim Frühstück hinter der Zeitung verschwinden? Ist er ein Morgenmuffel? Wie reagiert er, wenn er im Unrecht ist? Steht er zu mir, auch wenn es ihm peinlich ist?

■ Typische Eigenschaften des anderen

Bei der Vielfalt dieser Fragen interessieren uns weniger die Sachinhalte, sondern eher die Gefühle und Reaktionsweisen, die der Partner im Alltag der Beziehung an den Tag legt. Und weiter interessieren uns vor allem die ganz typischen Eigenschaften, also die, die unveränderbar erscheinen und mit denen wir uns dann am meisten herumschlagen oder an die wir uns besonders gewöhnen müssen. In der Regel schälen sich bei dieser mißtrauischen Beobachtung wirklich auch typische Muster heraus, und wir finden dann die ganz besonders typisch, die uns auf die Nerven gehen, die wir negativ empfinden und die wir deshalb auch stärker wahrnehmen als andere. Jeder Partner weiß also von einer Reihe negativer Eigenschaften des anderen, und dieses Wissen belegt er als kleine Feindseligkeiten mit Reizworten und benutzt diese vor allem in Streitgesprächen wie Pfeile. Wie Gabriele und Thomas gezeigt haben, kann ein Gespräch über die nächste Reise und der dabei auftauchende Streitpunkt „Kreuzfahrt ja oder nein" zur nächstbesten Gelegenheit werden, den Pfeil abzuschießen. Plötzlich sitzen da nicht mehr Gabriele und Thomas, sondern „Spießerseelchen" und ein „Spießer", der nur Angst vor Neuem hat.

■ Charakteranalysen

Nicht erbetene Charakteranalysen und Interpretationen der Motive des Partners gehören zu den ärgerlichsten Taktiken, die Paare gegeneinander anwenden können. Dabei ist es zunächst völlig unerheblich, ob die Zuschreibungen zutreffen. Charakteranalysen in der Form der Zuschreibung negativer Eigenschaften können vor allem in der Form des Überraschungsangriffs zu einem umfassenden Angriff auf die Gesamtpersönlichkeit des Partners werden. Wenn sie aggressiv genug vorgetragen werden, bleibt praktisch nichts Lobenswertes mehr von der betroffenen Person übrig. Wenn der Getroffene Gleiches mit Gleichem vergilt, kann das Gefecht in eine Art Beleidigungsschlacht ausarten. Manche Schlachten enden folgenschwer. Zum richtigen Zeitpunkt eingesetzt und gut dosiert vorgetragen, sitzen negative Du-bist-Sätze wie Hiebe, die entweder den Gegenschlag herausfordern oder zum seelischen K.o. führen.

Charakteranalysen in der Form der Zuschreibung negativer Eigenschaften können zu einem umfassenden Angriff auf die Gesamtpersönlichkeit des Partners werden

WIEDERHOLUNG UND STEREOTYPISIERUNG

Irgendeine Eigenschaft des Partners wird in ein Klischee verwandelt, in das der Partner nun konsequent hineingepreßt wird

Manche Paare schreiben sich in fast jedem strittigen Gespräch negative Eigenschaften zu und greifen auf diese Weise zu einer besonders entfremdeten Form der Charakteranalyse: der Wiederholung oder Stereotypisierung. Irgendeine Eigenschaft des Partners ist ein so großer Dorn im Auge des anderen, daß sie

gegenseitigen Umgangs zu einem Dauerzustand wird, ist dies der Anfang einer schweren Entfremdung voneinander. Dadurch leiden Intimität, Offenheit und Vertrauen, und beide Partner werden – bezogen auf die gemeinsame Beziehung – auf Dauer zu Verlierern. Wer seinen Partner zu einem Stereotyp macht, ihn auf seine negativen Eigenschaften reduziert, wird unvermeidlich dessen Selbstwertgefühl und seine Selbstein-

sich geradezu verselbständigt und in ein Klischee verwandelt wird, in das der Partner nun konsequent hineingepreßt wird. Seine umfassende Persönlichkeit mit allen Vorzügen und Nachteilen verschwindet, und übrig bleibt der Sadist, der Unzuverlässige, der Schwindler, der Angeber, das Muttersöhnchen, die Hure, die Schlampe, die Verschwenderin, die Scheinheilige oder der Arbeitswütige.

So befreiend und treffend solche Kennzeichnungen in einem mit Humor und Friedensabsicht geführten Gespräch einmal sein können – wenn diese Art des

Wer seinen Partner zu einem Stereotyp macht, wird dessen Selbstwertgefühl schädigen

schätzung schädigen. Aus der Beziehungsfalle „Zuschreiben negativer Eigenschaften" wird durch die dauernde Wiederholung eine zusätzliche Falle: Man kann sagen und tun, was man will, der beobachtende und kritisierende Partner entdeckt immer das Gleiche, weil ihn die konkrete Situation und das gegenwärtige Verhalten gar nicht interessieren. Konkretion würde seine Fallenstellerei geradezu behindern. Das Beleidigende in der Zuschreibung negativer Eigenschaften und ihrer Stereotypisierung ist nicht die Eigenschaft selbst, sondern liegt darin, daß einer mehr von seinem Partner zu wissen glaubt als dieser selbst, ihn angeblich von innen und außen kennt und das auch noch ständig wiederholt. Kein Mensch kann das auf Dauer aushalten. Es ist genauso unerträglich wie der kontrollierende elterliche Satz: Ich will ja nur das Beste für dich und weiß, was gut für dich ist.

■ Gesellschaftliche Stereotypisierungen

Stereotypisierungen durch das Zuschreiben negativer Eigenschaften vernebeln die eigentlichen Streitfragen nicht nur in privaten Paargesprächen, sondern auch im politisch-öffentlichen Raum. Die beliebte Art, eine schwierige und kontroverse Frage, die differenzierter Antwort bedarf, dadurch zu vereinfachen, daß einer der beteiligten Kontrahenten zum typischen Vertreter einer bestimmten Rasse oder Menschenart gemacht wird, ist wieder an der Tagesordnung. Im gesellschaftlichen Kontext finden wir diese Vorgehensweise als Rassismus oder Sexismus wieder, einer Form der Meinungsbildung, die jede Komplexität auf einen Faktor reduziert. Damit erweist sich diese Art der Vereinfachung als ein gutes Mittel, Andersdenkende und -fühlende, aber auch Menschen anderer Hautfarbe und Herkunft zu diskriminieren und zu verfolgen. Das ängstliche und schmerzverzerrte Gesicht eines türkischen Arbeiters muß man dann beispielsweise in der Ambulanz eines Krankenhauses nicht besonders ernst nehmen, weil „die ja alle sowieso theatralisch und wehleidig" sind. Und wenn ein Pole stiehlt, ist das angeblich nicht besonders verwunderlich, denn schließlich ist er ja Pole. Nicht erwünschte Charakterzüge oder Verhaltensauffälligkeiten werden in diesen Beispielen der Abstammung zugeschrieben, es sind angeblich eingefleischte Verhaltensweisen, mit denen man sich abfinden muß und von vornherein rechnen kann.

Wenn Paare in ihren Gesprächen mit typischen Zuschreibungen beginnen, ist eigentlich die Stimme der Resignation im Spiel. Die typischen negativen Eigenschaften erscheinen unveränderbar, gleichsam ererbt.

CHARAKTER

Ist der „Charakter" nun etwas Unveränderbares und eine Festlegung für immer? Mit „Charakter" bezeichnen wir die typische, gewohnheitsmäßige oder eben charakteristische Art und Weise eines Menschen, zu sein und sich zu verhalten. Der Charakter umreißt eine Reihe festgelegter guter und schlechter Reaktionen, bildet also eine Art Gesamtmuster, das aus dem Reagieren des Menschen auf bestimmte Situationen entstanden ist.

Ist der „Charakter" etwas Unveränderbares und eine Festlegung für immer?

Niemand kommt ordentlich, sparsam, verschwenderisch, spießig, fortschrittlich, aggressiv, unterwürfig auf die Welt, aber jeder von uns kann es werden, hat die Möglichkeit dazu in seinem „Gepäck". Die Welt, die Kinder und Erwachsene umgibt, die Eltern und Angehörigen, die jeweiligen Lebens- und Arbeitsbedingungen, die Zeit, in die wir hineingeboren werden, und vieles mehr sind das Material, aus dem wir unser Leben gestalten. In den Erfahrungen, die wir machen, bilden wir unsere Verhaltensmuster, und sie prägen auch unsere Eigenschaften. So entsteht der Charakter eines Menschen durchaus auf der Basis auch angeborener Potentiale, wesentlich aber durch die Auseinandersetzung mit der Welt als eine Art Gesamtreaktionsmuster. Das Sprichwort „Sage mir, mit wem du umgehst, und ich sage dir, wer du bist" beschreibt etwas von diesem beeinflussenden und prägenden Prozeß. Wilhelm Reich, ein bedeutender Psychoanalytiker der zwanziger Jahre, bezeichnete in seinem Buch

Charakter entsteht auf der Basis angeborener Potentiale, wesentlich aber durch die Auseinandersetzung mit der Welt

„Charakteranalyse" den Charakter als einen Prozeß der Panzerung, die die Funktion hat, das Ich Schritt für Schritt gegen innere und äußere Gefahren zu schützen. Zu den inneren Gefahren gehören dabei Triebe und Wünsche des Kindes, die nicht erlaubt sind, und zu den äußeren Gefahren die Strafandrohungen wegen dieser „unerwünschten" Impulse durch die Eltern oder später auch durch die gesellschaftlichen Normen.

Der Charakter ist sozusagen die Abwehr des Menschen gegen das Gezähmtwerden und im Ergebnis oft die härteste Eigenzähmung, die man sich vorstellen kann, weil viele Menschen in diesem Prozeß der Charakterbildung bereits vorwegnehmen, was ihnen abverlangt werden könnte. Sie legen sich fest und hüten sich insbesondere vor Überraschungen und Veränderungen. So bin ich und so bleibe ich!

Wieder erleben wir die Folgen einer Stereotypisierung. Was zunächst als eine spezifische Reaktion in einer konkreten Situation sinnvoll sein kann, ver-

> Der Charakter bildet sich infolge des Konflikts zwischen Natur und Kultur beziehungsweise Gesellschaft. Je nachdem wie dieser spannungsgeladene Zustand erlebt und erfahren wird, bilden Menschen eigene typische Reaktionsmuster, die vor allem dadurch, daß sie allmählich automatisch und wie selbstverständlich funktionieren, dem Menschen eine Art Schutz und Sicherheit bieten. Man muß sich also nicht in jeder Konfliktsituation immer wieder neu überlegen, wie man reagieren soll, sondern hat mit seinen Mustern gelernt, wie man die Situation am besten „unbeschädigt" und mit dem geringsten Risiko bewältigt

selbständigt sich im Laufe des Lebens und wird in eine typische Reaktion verwandelt, die ihren Entstehungshintergrund aus den Augen verliert, ihn verdrängt und in der Erinnerung löscht. Weil er als Kind bestraft worden ist, als er zu sehr getobt hat, stellt auch der Erwachsene jede wilde Bewegung ein und bestraft nun seinerseits den freien Bewegungsdrang seiner Kinder. Weil er als Kind bei der Selbstbefriedigung erwischt und verhöhnt worden ist, hält er sich auch in der erwachsenen Partnerbeziehung zurück und spricht nicht über seine verschiedenen sexuellen Bedürfnisse.

Viele Menschen nehmen in diesem Prozeß der Charakterbildung bereits vorweg, was ihnen abverlangt werden könnte

CHARAKTER UND NEUROSEN

Aus dieser Art von Not und Bedrängnis entwickeln Menschen einen „neurotischen" Charakter, der ihnen ihre vollen Lebensmöglichkeiten versperrt, weil er sie „mechanisch" reagieren läßt und sie dazu bringt, sich vor nichts mehr zu fürchten als vor der eigenen Freiheit und Unabhängigkeit. Gläubig trotten sie hinter allen möglichen Autoritäten und Normen her und hoffen, nicht aufzufallen und doch etwas vom Glück des Lebens abzubekommen. Die charakteristische Verhaltensweise eines Menschen und oft auch seine hervorstechende negative Eigenschaft sa-

gen uns deshalb etwas über seine Lebensgeschichte, die ihre körperlichen, seelischen und sozialen Spuren in seinem Charakter hinterlassen und seine Persönlichkeit geformt hat.

Die unbewußte Verstrickung vor allem mit der neurotischen Seite unserer Geschichte ist oft so fest, daß wir uns geradezu automatisch von Situationen angezogen fühlen, in denen unsere alten Reaktionsmuster zum Tragen kommen. Oder wir stellen sie selbst „stereotyp" her. Im Streit eines Paares ist der Satz „Du bist wie deine Mutter" in der Regel kein Kompliment, sondern eine negative Zuschreibung, mit der an die merkwürdige Erfahrung erinnert wird, daß wir alle unsere Mütter und Väter als „Schatten" in unsere eigene Partnerbeziehung einbringen, als einen – nicht bewußten – Anteil unserer eigenen Persönlichkeit. Unbewußt „spielen" wir unsere Eltern weiter oder setzen uns sogar bewußt und aggressiv von ihnen ab, weil wir ja nie so werden wollten wie sie – weder im Umgang mit unserem Partner noch im Umgang mit unseren Kindern. Gerade in diesem Fall ist die Zuschreibung „Du bist wie deine Mutter" wie ein Keulenschlag, zumal dann, wenn ein Partner dem anderen vorher in vertrauten Gesprächen von seinen früheren Schwierigkeiten mit den Verhaltensweisen seiner Mutter erzählt hat, ihrem Putzwahn, ihrer Rechthaberei, ihrer leidenden Stimme, mit der sie immer Mitleid erregen wollte.

Wir suchen uns nicht bewußt einen Partner aus, der wie unsere Eltern ist. Oft wählen wir auch das Gegenteil. In den negativen Zuschreibungen aber können wir erkennen, welchen unbewußten Generationsvertrag es gibt. Viele von uns kennen die schon fast komischen Auseinandersetzungen zwischen Eltern, wenn die Kinder zum Problem werden. Die Partner schreiben die negativen Eigenschaften und Verhaltensweisen der Kinder dann in der Regel dem anderen und seiner Familie oder seinem schlechten Erziehungsstil zu.

Aus dem Satz „Du bist wie deine Mutter" erkennen wir den unbewußten „Generationsvertrag"

VERSTÄNDNIS UND TOLERANZ

Unabhängig davon, nach welcher Regel sich ein Paar gefunden hat und definiert, ob nach dem Prinzip „Gleich und Gleich gesellt sich gern" oder „Gegensätze ziehen sich an" – die Wahrheit eines Paares beginnt damit herauszufinden, mit welcher Geschichte und mit welchen daraus hervorgegangenen Eigenschaften und Verhaltensweisen die Partner in die gemeinsame Beziehung eingetreten sind. Erst dann wird es zunehmend leichter zu erkennen, aus welchen dieser Anteile der Wunsch entsteht, den anderen überfallartig negativ zu charakterisieren und zu typologisieren, so daß die Falle zuschnappt und das Gespräch in der Sackgasse endet. Das Verständnis dafür, warum Menschen so sind, wie sie sind, bedeutet nicht, alles akzeptieren zu müssen, sich nicht wehren zu dürfen, nicht zu kritisieren, was kritikwürdig ist. Aus der vereinfachenden Zuschreibung herauszutreten und genau hinzuschauen, was im Augenblick passiert und welchen Anteil man selbst darin hat, ist eine Übung in Toleranz, Geduld und Respekt, wenn es gerade am schwersten fällt. Dies verfolgt gleichzeitig auch den bis zum letzten Atemzug schwierigen, aber notwendigen Auftrag: im Partner immer wieder neu auch dem fremden Menschen zu begegnen, dem, von dem wir nicht wußten, wie er sich im Alltag des Lebens, in Krisen und am Ende auch im Sterben verhalten wird. Auch als öffentliche Tugend wäre ein solches Verhalten sehr hilfreich in einer Zeit der Vereinzelung und Ausgrenzung, die mehr denn je den Wechsel zwischen vertrauter Nähe und kritischer Distanz braucht und auch den Umgang mit jenen Verhaltensweisen und Eigenschaften, die den Normen und Erwartungen widersprechen. Das könnte allen Mut machen, auch denen, die vorwegnehmen, daß alles böse enden wird.

Das Verständnis dafür, warum Menschen so sind, wie sie sind, bedeutet nicht, alles akzeptieren zu müssen

Ach, das ist ein Wetterchen heute, was! Und keine Spur von Stau.

Deshalb brauchst du trotzde[m] nicht so zu rasen. Daß ihr Männer das immer noch braucht für euer Selbstbewußt-sein, ich versteh' das nicht!

Aber ich hab' gar nicht vor, mich zu langweilen. Ich freue mich riesig auf das Essen und 'n gutes Kölsch.

Bisher hast du dich noch jedesmal gelangweilt. Glaub nur nicht, das hätt' ich nicht gemerkt! Läßt sich gar nicht verbergen. Ah, wahrscheinlich rast du deswegen so, um deinen Frust darüber loszuwerden, daß wir da überhaupt hinfahren.

Gabriele – Schatz – paß auf: Ich freue mich auf Köln. Ich habe nichts ge-gen deine Eltern. Und deinetwegen werde ich jetzt sogar ein bißchen langsamer fahren. Okay?

Auf deine Provokation kann ich verzichten! Vielleicht drehen wir gleich um...

NEGATIVES VORWEGNEHMEN UND INTERPRETIEREN

Wenn einer voraussieht, was der andere verpatzen wird, und immer zu wissen glaubt, wie negativ der andere denkt und warum er so und nicht anders handelt, dann verärgert er ihn schon allein dadurch. Die Beziehungsfalle Nr. 4 schnappt zu, weil einer den anderen völlig zu kennen glaubt und Nachfragen nicht für nötig hält

Beziehungsfalle Nr. 4

Der Glaube, den Partner völlig zu kennen, und der Verzicht auf Nachfragen belasten eine Beziehung schwer. Verstärkt wird diese Belastung noch dadurch, daß einer das Verhalten des Partners interpretiert und für die Zukunft immer das Schlimmste annimmt

Wer die Szene von Thomas und Gabriele im Auto anschaut, fragt sich vielleicht auch zuerst: Warum macht sie das eigentlich, warum nagelt sie ihn so darauf fest, daß er sich bei ihren Eltern in Köln unwohl fühlen wird? Vielleicht aus Erfahrung beim letzten Besuch? Vielleicht hat er sich damals hinterher beschwert? Wie auch immer: Diese Art Kommunikation führt nicht weiter, zwischen den beiden wird nichts geklärt.

Warum hat Gabriele solche Angst davor, daß Thomas sich bei ihren Eltern langweilen könnte? Das ist schließlich nicht so tragisch. Wir – und vor allem Thomas – würden mehr erfahren, wenn Gabriele, statt Thomas etwas zu unterstellen, fragen und vor allem von ihren Gefühlen sprechen würde.

Sie kann ihm dann erzählen, daß sie befürchtet, er könnte sich langweilen, weil es ihre Eltern sind, für die sie sich indirekt verantwortlich fühlt. Thomas kann nachfragen und Gabriele dazu bewegen, sich noch mehr zu öffnen. Vielleicht äußert sich Gabriele dann so: „Wenn du meinetwegen die Fahrt machst und dich dann bei meinen Eltern langweilst, weil du sie nicht interessant findest, habe ich Angst, daß du dich ärgerst, mich weniger magst, weniger liebst."

Während Thomas das noch einmal zusammenfaßt, um sich selbst Gabrieles Gedankengänge klar zu machen, kann Gabriele in Ruhe darüber nachdenken, was sie in Thomas' Worten zurückgespiegelt bekommt. Wenn Thomas ganz ohne Aggressivität, mit echter Neugier spricht und ihr dabei das Gefühl von Zusammengehörigkeit gibt, wird sie vielleicht richtig mutig und kommt auf folgenden Gedanken: „Ich glaube, ich habe gar nicht so sehr Angst, daß du mich für die Fahrt und für die Langeweile bei meinen Eltern verantwortlich machst und mich deswegen weniger liebst; ich habe Angst davor, daß du mich meinen Eltern ähnlich findest und daß das deine Liebe und unsere Beziehung bedroht."

Nur indem Gabriele das Zentrum ihrer Gedanken und Gefühle nicht (mit Unterstellungen) zu Thomas verlagert, sondern bei sich bleibt und ihre Gefühle untersucht, kommt sie dem eigentlichen Thema auf die Spur. Das setzt aber auch voraus, daß Thomas sie dabei ermutigt und das Gespräch durch Zusammenfassen verlangsamt. Während sich die Beziehung durch negatives Vorwegnehmen und Interpretieren weiter verschlechtert, kommen sich Gabriele und Thomas durch eine vertrauensvolle Art des Gespräches nach den uns inzwischen bekannten Regeln näher. Wenn die Ausweich- und Angriffsstrategien, die in allen Beziehungsfallen stecken, einfach weggelassen werden, kommt es zur Vertiefung der Beziehung statt zur Entfremdung.

KOMMUNIKATIONS- REGELN FÜR DAS PAARGESPRÄCH IV

Es gibt eine ganze Reihe von Beziehungsfallen. In diesem Buch stellen wir die sechs häufigsten vor. Wenn Sie die vier Kommunikationsregeln fürs Reden und fürs Zuhören aus diesem Buch beachten, verlieren auch alle hier nicht eigens beschriebenen Beziehungsfehler ihre verheerende Wirkung. Die Regeln sind von uns nicht neu entwickelt, sondern haben – wie bereits gesagt – weltweit schon Tausenden von Paaren geholfen, ihre Partnerschaft zu verbessern und vor Entfremdung zu schützen. Drei Regeln kennen Sie bereits. Auch die letzte ist für das gute Paargespräch von großer Bedeutung:

KOMMUNIKATIONS- REGELN IV

● *beim Reden:* sich öffnen, von sich reden, konkrete Situation ansprechen, konkrete Verhaltensweisen ansprechen, beim Thema bleiben
● *beim Zuhören:* offen zuhören und zusammenfassen, offen nachfragen, den Partner bestärken, eigene Gefühle äußern

■ Erläuterungen zu den Regeln

Wenn im regelgerechten Paargespräch offene Fragen, Probleme und Konflikte mit den bisher schon bekannten Regeln behandelt werden, kristallisiert sich häufig *ein* Thema heraus, um das es eigentlich geht. Thomas und Gabriele haben in dem Gespräch, das von den Regeln geleitet war, beispielsweise das Thema herausgefunden, über das sie jetzt weiter sprechen sollten: Gabrieles Angst, von Thomas mit ihren Eltern identifiziert und deshalb weniger geliebt zu werden.
Bei jedem neuen Beginn eines Paargespräches ist es wichtig, von Anfang an auf *alle* Regeln zu achten. Das Springen von einem Thema zum anderen, von heute in die Vergangenheit oder in die (negativ vorausgesehene) Zukunft kann schon ein Zeichen

Bei jedem neuen Beginn eines Paargespräches ist es wichtig, von Anfang an auf alle Regeln zu achten

dafür sein, daß es einem mehr um Ausweich- und Angriffsstrategien als um Klärung geht. Wenn gar keine Klärung erreicht werden soll, ist ein Thema nur so lange gut, wie es seinen Zweck erfüllt, nämlich von einem selbst weg auf den Partner zu lenken. Zur Beschuldigung sind dann alle möglichen Ereignisse aus der Vergangenheit recht, um den Schuldenberg des Partners zu vergrößern.

Ein Thema der Gegenwart bietet zunächst Stoff genug, wenn es ernsthaft um Klärung geht, und das beiderseitige Einfühlen gelingt sehr viel besser, wenn man im wesentlichen bei *einer* konkreten Situation bleibt. Sucht man in der Vergangenheit nach Beispielen für eine bestimmte störende Verhaltensweise, muß man sich erst wieder die Rahmenbedingungen vergegenwärtigen und klären. Deshalb ist es wenig sinnvoll, über Probleme aus der Vergangenheit zu reden. Wenn sie noch bestehen, sind sie auch in der Gegenwart noch aktuell. Das ist mit der Regel gemeint: *Beim Thema bleiben.*

Beim Thema bleiben heißt: über die Gegenwart, nicht über Vergangenes sprechen

Was bedeutet die Aufforderung, *eigene Gefühle zu äußern,* für den Zuhörer? Beinahe unabhängig vom Inhalt von Prophezeiungen kommt es zu einem Mißton in der Beziehung, wenn sich einer der Partner anmaßt, schon vorauszuwissen, was der andere jetzt denkt und später tun wird. Damit macht er sich nämlich zum „lieben Gott".

Ein Ungleichgewicht in der Beziehung kann aber auch aus einem ganz anderen Grund in einem ansonsten guten Paargespräch auftreten, nämlich dann, wenn ein Partner in der Sprecherrolle sich öffnet und regelgerecht seinen negativen Gefühlen Ausdruck verleiht, vom anderen sogar darin noch bestärkt wird, der seinerseits aber durch die Konfrontation mit den negativen Gefühlen sehr betroffen ist. Der in Wirklichkeit emotional betroffene Partner sollte die negativen Gefühle nicht stumm und weise wie ein Therapeut anhören, ohne zu reagieren. Denn das würde das gute Paargespräch ebenso ins Ungleichgewicht bringen wie Überheblichkeit. Statt aber zum Beispiel aggressiv abzublocken („Das stimmt doch alles gar nicht, was du da erzählst") und damit wieder in einen indirekten, unklaren Kommunikationsstil zu verfallen, gibt der Kritisierte nun seinerseits den Gefühlen offen Ausdruck, die bei ihm hervorgerufen werden. Das können Verblüffung ebenso wie Scham, Ärger, Wut oder auch Freude sein. Es ist für das Paargespräch wichtig, daß der Partner unverschlüsselt und damit deutlich und unmißverständlich zurückgemeldet bekommt, was seine Gefühlsäußerungen bei seinem Gegenüber auslösen.

◼ Themenvorschläge

Folgende Gesprächsthemen aus der Gegenwart eignen sich zum Üben nun aller Kommunikationsregeln:

◼ Was darf man seinen engsten Freunden über die Beziehung zum Partner erzählen?

◼ Wer entscheidet über welche Geldausgaben?

◼ Fühlt sich jeder der Partner von den Schwiegereltern wirklich akzeptiert?

◼ Welche Bedeutung haben die Eltern des Partners für die Paarbeziehung?

◼ Die Aufgabe

Wenn auch kein Thema der ersten Übungsphasen ein reines „Sachthema" ist, so werden mit den Themen hier eindeutig Ein-

stellungen und Ansichten zur Partnerschaft zur Diskussion gestellt. Sie selbst können am besten einschätzen, wie sicher Sie sich schon im Umgang mit den Regeln fühlen und ob Sie sich an solche wichtigen und vielleicht auch emotionsgeladenen Themen schon heranwagen wollen.

Sollten Sie beim Üben noch stark auf das Einhalten der Regeln achten müssen, stellen Sie besonders brisante Themen besser noch ein wenig zurück und beginnen mit einfacheren.

Die Aufgabenstellung entspricht im übrigen exakt der aus der vorausgegangenen Übung:

Einer eröffnet das Gespräch, der andere hört zu, faßt zusammen, fragt eventuell nach, der Sprecher fährt fort, und der Zuhörende bestärkt ihn vielleicht. Die Rollen werden immer nach vorheriger Zusammenfassung gewechselt. Sie müssen noch zu keinem verbindlichen Ergebnis kommen.

Während des Gesprächs sehen Sie immer wieder auf das Regelfaltblatt, das Sie zwischen sich aufgestellt haben. Denn es kommt jetzt darauf an, *alle* Regeln gleichermaßen anzuwenden, diesmal mit besonderer Sensibilität für die *Beziehungsfalle Nr. 4 (Negatives Vorwegnehmen und Interpretieren)* und die neuen Regeln: *beim Thema bleiben* und: *eigene Gefühle äußern.*

Beherrschen Sie die Regeln gut, dürfen es jetzt brisante Gesprächsthemen sein

■ Zur besonderen Beachtung

Eine bildhafte Sprache in Verbindung mit konkreten Situationen ist – wie bereits erwähnt – für die Verständlichkeit und Einfühlbarkeit im Paargespräch besonders wichtig. Die Verlangsamung des Gesprächs durch Zusammenfassen begünstigt diese Forderung. Machen Sie sich außerdem frei von dem Zwang, „fließend" reden zu müssen. Fließend reden bedeutet häufig, über sich selbst nichts zu sagen. Von Martin Buber stammt der Satz: „Kein Reden wird je wiederholen, was das Stammeln mitzuteilen weiß." (Seite 98).

Dieses Buch ist kein Rhetorikkurs, und die Sprache ist in der Paarkommunikation nur einer von vielen Informationsträgern.

Verwöhnidee: dem Partner etwas Unangenehmes abnehmen

Wenn Sie das Gespräch nach den hier vorgestellten Regeln trainieren, lernen Sie vor allem eine andere Einstellung sich selbst und dem Partner gegenüber.

■ Wahrnehmungstraining leichtgemacht

Verwöhntage und Zetteldose für Extrawünsche haben Sie sich vielleicht schon zur schönen neuen Gewohnheit gemacht. Hier eine weitere Variante: Nehmen Sie dem Partner ab und zu einmal eine für ihn besonders unangenehme Aufgabe ab.

Der Wahrnehmungsaspekt liegt in folgendem: Sie achten nicht allein darauf, was Ihr Partner besonders gern hat, sondern verstärkt auch darauf, was er besonders ungern mag!

DER DICKE HAMMER
KOMMT NOCH

Es gibt Menschen, die wissen immer schon im voraus, wie etwas ausgehen wird. Die Sätze mancher Eltern „Das habe ich kommen sehen", „Das habe ich schon vorher gewußt" oder „Das konnte ja nur schiefgehen" klingen vielen von uns noch in den Ohren. Manche

Das ist doch Quatsch!!

Menschen warten nur darauf, daß ihnen das passiert, was sie ohnehin erwarten, und der Volksmund spricht dann auch davon, daß wir in solchen Fällen das Unglück geradezu anziehen. Selbst wenn diese Menschen dann besser wegkommen, als sie erwartet haben, „dann ist es zu schön, um wahr zu sein", und sie warten auf den dicken Hammer,

der noch kommt. Auch Menschen, die nur Positives erwarten, warten auf etwas, von dem sie glauben, es müsse geschehen, weil sie die Welt so sehen wollen. Manche wollen auf die Weise nicht wahrnehmen, daß sie beispielsweise in Gefahr sind, bestohlen werden, daß ihre Leistung keineswegs honoriert wird. Sie halten es für überhaupt nicht möglich, daß ihre heroinabhängigen Kinder nur nach Hause kommen, um Geld für die nächste Dosis zu holen und nicht etwa deshalb, weil sie endlich doch noch gemerkt haben, daß sie so nette Eltern einfach nicht weiter enttäuschen können, und weil sie „clean" werden wollen.

DIE EINSEITIGE SICHT

Unsere Erwartungen stürzen uns in diese und andere Arten von Schwierigkeiten, besonders dann, wenn sie starr sind und uns dazu treiben, alles entweder als schwarz oder weiß und jeden Menschen entweder als gut oder schlecht einzustufen. Wenn das erst einmal der Fall ist, können wir mit der Komplexität des Lebens und seiner Beziehungen

Die Ungewißheit, was die Zukunft bringen wird, erzeugt Angst. Ein Mittel gegen diese Angst ist das negative Vorwegnehmen. Man findet sich bereits jetzt damit ab, daß die Zukunft Negatives bringen wird. Diese Einstellung führt nicht nur zu Resignation, sondern legt auch den Partner auf diese negative Sichtweise fest. Die Partnerschaft verliert ihre Lebendigkeit

Aber ich hab' gar nicht vor, mich zu langweilen. Ich freue mich riesig auf das Essen und 'n gutes Kölsch.

Bisher hast du dich noch jedesmal gelangweilt. Glaub nur nicht, das hätt' ich nicht gemerkt! Läßt sich gar nicht verbergen. Ah, wahrscheinlich rast du deswegen so, um deinen Frust darüber loszuwerden, daß wir da überhaupt hinfahren.

Weil wir glauben, die anderen sollten so sein, wie wir es erwarten, geraten wir ständig in ausweglose Situationen, wenn die anderen sich wehren und uns enttäuschen

Die negative Vorwegnahme greift in die Zukunft ein

und mit Mehrdeutigkeit und Vielfalt nicht mehr umgehen. Fixiert an die eigenen Erwartungen an unser Leben und das Verhalten unserer Mitmenschen, glauben wir, daß unsere Sicht der Dinge die einzig richtige und akzeptable ist. Jeder, der sich auf unseren Bezugsrahmen nicht ohne weiteres einläßt, gefährdet unsere Sicherheit, verwirrt und ängstigt uns, und folgerichtig werden dadurch auch unsere Beziehungen frustrierender und emotional belastender. Gerade weil wir glauben, die Welt und die anderen Menschen sollten so sein, wie wir es erwarten, geraten wir ständig in ausweglose Situationen, wenn die anderen sich wehren und uns enttäuschen. Wir bauen Beziehungsfallen, in denen wir uns selbst einfangen. Die negative Vorwegnahme und Interpretation ist eine solche Falle. Während das Zuschreiben negativer Eigenschaften in der Regel durch eine aktuelle Situation ausgelöst wird und sich auf die Gegenwart bezieht, greift die negative Vorwegnahme gleich in die Zukunft ein. Die eigene Vor-

stellung ersetzt die Realität und greift der Entwicklung vor, komme was da wolle.

Im Gespräch entscheidet sich deshalb der eine Partner, „nicht mitzubekommen", was sich tatsächlich ereignet. Er sieht und hört geradezu weg. „Ich glaube einfach nicht, daß das so ist" ist sein Einwand, auch wenn er innerlich schon weiß oder ahnt, daß er unrecht hat. „Da muß noch irgendein Haken sein" ist der nächste Versuch der Beschwörung. Die Argumentation des Partners, der sich die Sicht der Dinge nicht einfach überstülpen lassen will, wird im nächsten Schritt einfach verdreht. Einwände werden übersehen, und letztendlich wird grundsätzlich bestritten, daß der andere weiß, was er sagt, wovon die Rede ist.

VORWEGNAHME DER ZUKUNFT

Wer ein künftiges Ereignis wie bereits jetzt eingetreten als Realität behandelt, also vorwegnimmt, schützt sich mit der Sturheit seiner Behauptung und fixierenden Erwartung vor der Auseinandersetzung mit der konkreten Situation und ihrem Thema. Für ihn scheint es schlimmer zu sein, sich offen auf die Gegenwart einzulassen, als das Unglück und das Negative der Zukunft schon jetzt zu akzeptieren. Der „Vorwegnehmer" hat etwas kommen sehen, und schon ist es da. Jedes Wort und jede Tat ist ein Beleg. In unserem Beispiel schiebt Gabriele das offensichtlich notwendige Gespräch über den bevorstehenden Elternbesuch vor sich her und lenkt von ihrem eigenen Problem mit diesem Besuch ab. Sie steigert sich immer wütender in ihre negative Vorwegnahme hinein, daß Thomas ihre Eltern ohnehin langweilig findet, ablehnt und gar nicht fahren möchte. Sie versucht mit ganzer Konzentration zu erreichen, daß Thomas diese Interpretation und damit auch die Verantwortung für die Situation annimmt.

In einem solchen – im Ergebnis festgelegten – Gespräch kommen beide Partner nicht dazu, ihre wirklichen Gedanken und Gefühle zu äußern. Es geht nur darum, daß der andere endlich akzeptiert und sich entsprechend verhält. Thomas müßte nur umkehren, weil er genervt ist, und schon hätte sich Gabrieles Prophezeiung erfüllt – egal aus welchem Grund.

Es gibt eine Reihe strategischer Gesprächsmanöver, die zu einer solchen letztlich ausweglosen Gesprächslage führen: Distanz zueinander schaffen, Unterstellen, Nichtakzeptieren der gegenwärtigen Realität, Verdrehung, Ablenkung, Verdrängung. Sich auf das Thema, um das es geht, einzulassen, dabeizubleiben und als Zuhörer die eigenen Gefühle zu äußern, ist äußerst schwierig, wenn die Gefühle und Wünsche des Partners hinter der negativen Vorwegnahme versteckt sind und er das negative Ergebnis auf Biegen und Brechen herbeireden will. Daß er dieses Ergebnis zugleich aber fürchtet, erkennen oft beide Partner nicht.

Gefühle und Wünsche des Partners sind hinter der negativen Vorwegnahme versteckt

VORWEGNAHME ALS MITTEL GEGEN DIE ANGST?

Was fürchtet ein Mensch, der so sicher ist, wie die Dinge sein werden, und der genau zu wissen glaubt, was sein Partner fühlt, denkt und beabsichtigt, auch wenn dieser das alles bestreitet? Warum wird die Angst im anderen entdeckt, anstatt daß von der eigenen gesprochen wird? Wieso kommen Paare, aber auch Eltern manchmal darauf, daß sie das

Seelenleben des Partners oder ihrer Kinder wie ihre eigene Westentasche kennen? Und wieso glauben wir zu wissen, daß ein anderer Mensch sich etwas vormacht, sich seiner selbst und seiner Gefühle nicht bewußt ist und nur die halbe Wahrheit spricht, also jenen Raum öffnet, in dem wir mit unserer Interpretation landen können?

Letzteres wissen wir aus eigener Erfahrung. Jederzeit, ob in Paargesprächen oder in Schlafzimmern, bei Geschäftsessen oder privaten Verabredungen, kann es vorkommen, daß das Verhalten, das wir wahrnehmen, uns nicht stimmig erscheint und die Worte, die wir hören, uns nicht die ganze Wahrheit oder gar nichts sagen. Manchmal meinen wir auch herauszuhören, daß genau das Gegenteil wahr sein könnte. Das alles wäre unproblematisch. Aber selbst was wir nur vermuten, also nicht sicher wissen, kann uns dennoch verletzen. Wenn Gabriele sich nicht ganz sicher ist, ob sich Thomas bei ihren Eltern langweilt, auch wenn er das Gegenteil behauptet, wird sie dadurch selbst in ihren eigenen, wahrscheinlich widerspruchsvollen und unsicheren Gefühlen zu den Eltern und zu Thomas bestärkt. Vielleicht hat sie Angst, zwischen den beiden Parteien zu stehen, für gute Stimmung sorgen zu müssen, und ist selbst auf den bevorstehenden Besuch wütend, weil sie sich in der vermuteten Zwickmühle hilflos fühlt.

Gerade in Paarbeziehungen wird oft besserwissend und verletzend mit dem umgegangen, was man noch nicht weiß. Die Zukunft wird mißtrauisch vorweggenommen, damit die Spannung vor einem möglichen negativen Ereignis ausgeräumt und so die Angst überwunden wird. Es wird eine Art Sicherheit hergestellt. Nicht nur Außenstehende, sondern auch die Beteiligten selbst stehen manchmal später kopfschüttelnd vor solchen Dialogen und fragen sich ratlos, was hier eigentlich gespielt wird.

■ Angst als Bestandteil des Lebens

Angst spielt also in der negativen Vorwegnahme und im Umgang mit dem, was wir nicht genau wissen, aber um so heftiger behaupten, eine bedeutsame Rolle. Angst ist eine wichtige Begleiterin in unserem Leben, vom ersten Atemzug unseres Lebens an gehen wir an ihrer Hand. Sie ist da, wenn wir Hunger haben und nicht wissen, ob er gestillt wird; wenn wir uns aufrichten und in die Welt hineingehen wollen und nicht wissen, ob und wie oft wir fallen; wenn wir lieben und nicht wissen, ob wir ebenfalls geliebt werden; wenn wir leben wollen und nicht wissen, wann wir sterben müssen. Leben macht Angst, weil es unplanbar und unvorhersehbar ist. An dieser Wahrheit ändert sich nichts, auch wenn wir die meiste Zeit damit beschäftigt sind, unser Leben vorauszupla-

Aber nein.

Ich hab´ einfach
tolle Laune
und Spaß
am Fahren..
Das ist
alles. Mit deinen
Alten komm´ ich
schon klar.

Glaub nur nicht, daß deine Eltern
amüsanter sind.
Sind sie
nämlich
nicht!

nen, und unermüdlich Dinge heranschaffen, die das Leben sicherer machen sollen. Wir stellen längere Tagesordnungen für das Leben auf, als wir bewältigen können, und stellen dem Leben ständig Bedingungen, damit es werden kann, was wir mit ihm vorhaben. Erst das noch, dann muß das, dann das noch.

Leben macht uns Angst, weil wir immer wieder erkennen müssen, daß die durchaus notwendigen und überaus sorgfältigen Planungen nicht immer halten, was sie zu versprechen scheinen. Da haben wir einen Beruf gelernt, aber eine passende Arbeit gab es nicht. Da fühlten wir uns kurz vor dem Höhepunkt unseres Lebens, wollten endlich leben und wurden schwer krank. Da glaubten wir an die große Liebe, und die Trennung konnten wir nicht fassen. Wir wollten eine harmonische Reise zu den Eltern machen, was daraus wurde, zeigt unser Beispiel.

Was halten Paare nach der standesamtlichen Trauung mit der Heiratsurkunde wirklich in der Hand? Vielleicht ein Glücksversprechen, vielleicht eine dauerhafte Gesundheitsgefährdung, vielleicht ein heimliches Entmündigungsdokument? Alles ist offen, es sind mehr oder weniger Zufälle, die uns aus der Offenheit der Zukunft zufallen. Weder das Leben noch die Liebe eignen sich für den festen Griff, mit dem wir sie bändigen möchten.

Diese überaus beunruhigende Tatsache beantworten Menschen gerne mit Plänen, mit denen sie das Leben und ihre Beziehung umstellen, damit Lebbarkeit garantiert ist. Feste Beziehung, fester Wohnsitz, feste Schuhe, fester Beruf, feste Freundschaften, sichere Zukunft. So merkwürdig es erscheinen mag, die negative Vorwegnahme gehört in diese Reihe. Sie verspricht demjenigen, daß alles so laufen wird, wie er vermutet, daß er davon ausgehen kann, daß das Ergebnis schon jetzt klar ist. Viele empfinden es als eine Beruhigung, wenn man schon vorher weiß, daß es keine Überraschungen geben wird. Dafür nehmen sie auch in Kauf, daß sich nicht erfüllt, was sie eigentlich wollen.

Um sicherzugehen, werden in der negativen Vorwegnahme beide Partner blockiert. Von keiner Seite ist irgendeine Veränderung der Situation zu erwarten, weil die eine Seite das Ergebnis „fest im Griff" hat und immer wieder darauf zurückkommt. Paradoxerweise kann eine solche Haltung zunächst die Angst vor der Zukunft mindern: Wenn ich alles, was passieren wird, schon vorwegnehme, muß ich die Realität, in der das Befürchtete wirklich eintreten könnte, gar nicht erst abwarten. Ich kann nicht mehr erschüttert werden, weil ich mich selbst schon so erschüttert habe, daß mich wirklich nichts mehr erschüttern kann. Nichts kann mich dann auch noch enttäuschen, weil ich schon jetzt enttäuscht bin und in der Zukunft ohnehin nur mit Enttäuschungen rechne.

Wer die Enttäuschung vorweggenommen hat, den kann nun nichts mehr enttäuschen

DIE VORWEGNAHME IM PAARGESPRÄCH

Die negative Vorwegnahme ist im Paargespräch nicht nur der Versuch, dem gestellten Thema auszuweichen, sondern eine Art Selbstsuggestion, mit der ein Mensch versucht, das Zepter in der Hand zu behalten, auch wenn er ahnt, daß die eigenen Behauptungen und Mutmaßungen über die Motive und Gefühle des anderen auf Dauer weder die eigene Stimmungslage verbergen

können noch aus der heiklen Situation heraushelfen. Gabrieles Schlußsatz in unserem Beispiel ist geradezu klassisch: Alles, was Thomas gegen ihre Interpretation seiner Gefühle vorzubringen hat, gerinnt für sie zu einer Provokation. Was sie ihm vergeblich zu unterstellen sucht, schlägt sie endlich selbst vor: lieber bei der nächsten Ausfahrt umzukehren.

Verdrängung ist gefährlich. Wenn man nicht herausfindet, was in einem selbst vorgeht, sich nicht zu seinen eigenen Gefühlen und Ängsten bekennt, sondern durch eine Verschiebung des Problems auf den Partner davonzukommen versucht, belastet man nicht nur sich selbst, sondern auch den Partner und damit die Beziehung

Gabriele zündelt schon. Die Angst, ein gemeinsamer Besuch bei den Eltern oder Schwiegereltern könnte langweilig sein, ist ganz normal. Es ist sinnvoll und nützlich, darüber vorher zu sprechen und sich vielleicht gemeinsam unter Berücksichtigung der jeweiligen Gefühle auf diesen Besuch einzustimmen. Bleiben die Gefühle und Ängste aber unausgesprochen und versucht ein

Partner sie zu verbergen, indem er sie dem anderen zuschiebt, dann stellt sich ein Gefühl nervöser Beklemmung ein, und die Falle wird vorbereitet. Im Verhalten und der Reaktion des Partners wird nach Signalen gesucht, die die eigene Interpretation und Vorwegnahme bestätigen. Die Angst spornt zu einer übertriebenen Wachsamkeit an, die die Fähigkeit zu klarem Denken trübt, das Wahrnehmen der Realität erschwert und es unmöglich macht, auf die Äußerungen des anderen noch einigermaßen angemessen einzugehen.

NEGATIVE VORWEG-NAHME – NEGATIVE GEFÜHLE

Neben dieser Angst kommt Streß auf, der die Stimmen lauter und das Verhalten allmählich aggressiver werden läßt. Warum ist der andere so schwer davon zu überzeugen, daß die Dinge so sind, wie man selbst sie sieht, warum stellt er überhaupt noch unbequeme Fragen? Je starrer die Überzeugung, desto schwieriger sind die Antwortmanöver. Neben Angst und Streß tauchen zwischendurch auch Resignation und Depression auf: Die negative Vorwegnahme, die man dem Partner mühsam nahebringen muß, schlägt auf einen selbst zurück, denn wie man selbst meint, ist die Situation ja hoffnungslos, sie ist festgelegt. Gefühle wie Zorn, Empörung, Furcht und Frustration werden unter dem Druck der eigenen vorgetäuschten Sicherheit heruntergeschluckt und betäuben alle anderen Gefühle, die vielleicht doch nach einer anderen Lösung des Konflikts suchen. Manche Menschen kehren in solchen Situationen ihre Wut auch gegen sich selbst, wenn sie sehen, daß sie sich und den Partner wieder einmal in die gleiche Falle gelockt haben. Dann quälen sie sich mit Selbstvorwürfen und gelangen letztlich wieder zur gewohnten Argumentation, nämlich einer Vorwegnahme: daß sie schon immer ein unfähiger, we-

Die negative Vorwegnahme, schlägt auf einen selbst zurück, denn wie man selbst meint, ist die Situation ja hoffnungslos, sie ist festgelegt

nig liebenswerter, hilfloser und hoffnungsloser Mensch waren, mit dem niemand zurande kam, und daß das ganz offensichtlich auch so bleiben wird, weil niemand sie versteht und niemand ihnen glaubt.

und keine noch so große Liebesbeziehung zum sicheren „Unternehmen Zukunft" machen. Es ist weniger wichtig, als erster den Partner zu verstehen. Vielmehr geht es zunächst um die Erkenntnis und Entschlüsselung des ei-

LEBEN MIT DER UNSICHERHEIT ZUKUNFT

Die negative Vorwegnahme ist eine Art Flucht nach vorn, ein unbewußt geplanter Schmerz

Die Rätsel, die wir nicht lösen können, suchen uns immer wieder aufs neue heim. Die Angst, die wir nicht annehmen und anschauen können, verkriecht sich oder sitzt wie eine unsichtbare schwarze Katze auf unserer Schulter und faucht, wann immer es ihr paßt. Solange wir leben, werden wir immer nur einen ganz geringen Teil von dem wissen, was uns wirklich in der Zukunft erwartet. Auch die klügste Vorwegnahme in unserem Kopf kann die Unvorhersehbarkeit des Lebens nicht außer Kraft setzen

genen Verhaltens und seiner Hintergründe. Die negative Vorwegnahme in undurchsichtigen Situationen entpuppt sich als eine voreilige Schlußfolgerung, mit der wir das lebenserhaltende Prinzip ständiger Veränderung übergehen und unser eigenes Vertrauen in eine mögliche Zukunft zerstören.

Wann immer wir in einem Paargespräch die Vermutung hegen, daß irgend etwas nicht stimmt, daß es hinter den Kulissen Unruhe gibt, daß etwas im Spiel ist, das nicht ausgedrückt wird, dann nutzt kein kühner Sprung in die Vorwegnahme oder Besserwisserei. Dann geht es darum, beim Thema zu bleiben, die eigenen

Gefühle einzubringen, die des anderen zuzulassen und letztlich durch vertiefende Fragen herauszufinden, was im Augenblick wirklich vor sich geht und warum beide sich im Gespräch so verhalten, wie sie es tun.

Die negative Vorwegnahme ist der Versuch, die Angst vor der ungewissen Zukunft zu bändigen und den Schmerz zu vermeiden, der uns erwarten kann, wenn wir um eigene Gefühle und Wünsche kämpfen. Das Vermeiden von Schmerzen und Enttäuschung ist ein menschlicher Urinstinkt, und wenn wir könnten, würden sich die meisten von uns gegen Lebensschmerz und Krisen versichern lassen. Die negative Vorwegnahme ist deshalb auch eine Art Flucht nach vorn, ein unbewußt geplanter Schmerz. Aber diese Flucht endet in einem Versteck. Wir können jedoch versuchen, durch ein Gespräch herauszukommen. Und diesen Versuch sollten wir unternehmen, selbst unter der Gefahr, daß wir uns erneut in der eigenen Vorwegnahme und Interpretation verfangen.

> **Auch die klügste Vorwegnahme in unserem Kopf kann die Unvorhersehbarkeit des Lebens nicht außer Kraft setzen und keine noch so große Liebesbeziehung zum sicheren „Unternehmen Zukunft" machen.**

VERBÜNDETE UND ZEUGEN
ZITIEREN

Im Kollegenkreis gibt's 'ne ganze Reihe, deren Frauen Kinder erst nach 35 kriegen. Das ist heute überhaupt kein Problem mehr.
Bei denen ist alles okay. Jeder wird dir sagen, daß du froh sein mußt, daß du einen sicheren Job als Krankengymnastin hast. Das Geld, was wir jetzt nicht zusammenkratzen für das Haus, das kriegen wir später nur noch mit Hängen und Würgen zusammen.

Im Gegenteil! Deine Freundin hat neulich hier gesessen und uns vorgeschwärmt, wie glücklich Frankes sind und daß sie alles für ihr Kind tun. Ich kann das sehr gut nachvollziehen, was die Leute sagen: daß Eltern, die beruflich aus dem Gröbsten raus sind, sich viel lockerer um ihr Kind kümmern können.

In der Beziehungsfalle Nr. 5 werden persönliche Wünsche und Bedürfnisse ungenannt als Fragen von Recht und Unrecht, richtig und falsch zwischen den Partnern wie in einer Gerichtsverhandlung ausgefochten. Jeder sucht sich seine Zeugen oder Gutachter zusammen, will durch Objektivität Einsicht erzwingen. Wer auch gewinnt oder verliert – für eine lebendige Beziehung ist diese Form der Auseinandersetzung immer eine Niederlage

BEZIEHUNGSFALLE NR. 5

Wenn die eigenen Argumente nicht ausreichen oder um ihnen mehr Autorität zu geben, werden fremde Meinungen und Normen zitiert. Das Gespräch in der Partnerschaft lebt aber nicht von der Frage nach richtig oder falsch, sondern von einer für beide akzeptablen Lösung. Wie sie gefunden und umgesetzt wird, darum geht es hier

Während eine echte Gerichtsverhandlung irgendwann mit einem Vergleich in der Sache oder einem Gewinner und einem Verlierer endet, führt das Zitieren von Verbündeten und Zeugen in der Paarbeziehung oft schon in einen derart heillosen und verletzenden Streit um den Wert der „Zeugen", daß das eigentliche Thema darüber aus dem Blick gerät.

Manchmal ist es vielleicht noch das Beste an dieser unseligen Kommunikationsform, wenn die Chance bleibt, die Frage noch einmal anders zu behandeln.

Was der Wunsch, jetzt ein Kind zu bekommen, für Gabriele wirklich bedeutet, welche Gefühle sie damit verbindet, wird in der Auseinandersetzung der beiden an keiner Stelle deutlich. Thomas erfährt nichts davon, er bringt selbst auch keine eigenen Gefühle ins Gespräch. Was richtig und falsch ist, soll nach der Sachlage entschieden werden, wobei jeder auf die Überzeugungskraft seiner „Gutachter" hofft. Dieser Umgang miteinander in der Paarbeziehung entspricht einer in der Tat auch in anderen Lebensbereichen verbreiteten Verhaltensweise, einem schleichenden Selbstverrat.

Natürlich geht es nicht darum, Bedingungen medizinischer oder beruflicher Art außer acht zu lassen, wenn Thomas und Gabriele darüber diskutieren, ob sie jetzt oder später ein Kind bekommen wollen. Die eigenen Gefühle, die gerade in der Kinderfrage sehr intensiv und vielfältig sein können, jedoch nicht zur Sprache zu bringen, bedeutet auch, sie sich auf Dauer abzugewöhnen. Bei der in unserem Beispiel gezeigten „sachlichen" Auseinandersetzung werden vielleicht anfangs die wahren Gefühle vor dem Partner nur verheimlicht. Der Verzicht auf einen lebendigen Austausch der Gefühle führt aber früher oder später nicht nur in der Paarbeziehung zu einem wirklichen „Verlernen" der Gefühle, so, wie eine fremde Sprache wieder verblaßt, wenn sie nach der Schulzeit nicht weiter geübt wird, oder Muskeln verkümmern, die man nicht bewegt. Wenn im Alltag durch den „versachlichten" Gesprächsstil oder einen stets schon nach kurzer Zeit unfruchtbaren Beziehungsclinch die Gefühle gekappt werden, verlieren Menschen ihre Lebendigkeit und sogar (durch Krankheit) oft das Leben selbst. Um dem Grundübel der *Beziehungsfalle Nr. 5 (Zeugen und Verbündete zitieren)* zu entgehen, bedarf es keiner neuen Gesprächsregeln. Die Wichtigkeit der allerersten Regel (sich öffnen, von sich reden) wird hier noch einmal ganz besonders deutlich.

PROBLEMLÖSE-MODELL

● **Problem im Regelgespräch herausfinden**
● **alle Lösungsideen aufschreiben**
● **Ideen regelgerecht diskutieren**
● **beste Idee festhalten**
● **Schritte zu ihrer Umsetzung aufschreiben**
● **Einhaltung der Schritte kontrollieren**

MODELL ZUR PROBLEMLÖSUNG

Im folgenden finden Sie ein Modell, das es Ihnen ermöglicht, mit Hilfe der vorgestellten Gesprächsregeln das Paargespräch bei Fragen, die entschieden werden müssen, nicht nur zu einem klaren Ergebnis zu bringen, sondern auch die Schritte zur Umsetzung zu planen.

■ Erläuterung des Modells

Wir wollen die einzelnen Punkte dieses Modells auf einen konkreten Fall anwenden, und zwar auf Gabrieles und Thomas' Frage: ein Kind jetzt oder später.

■ Problem im Regelgespräch herausfinden

Sehr häufig muß man sich ein Problem zunächst einmal richtig klarmachen beziehungsweise herausfinden, ob beide Gesprächspartner überhaupt das gleiche meinen. Bei Paargesprächen, die im Alltag oft nur wenige Minuten dauern, wird die meiste Zeit – so vermutet der Paartherapeut Michael Lukas Moeller – auf den Versuch verwendet, Mißverständnisse zu klären. Ein Gespräch über den Kinderwunsch kann schon im Streit steckenbleiben, bevor richtig klar ist, ob es um die Frage geht, überhaupt ein Kind haben zu wollen, oder nur um die Frage des Zeitpunktes.

Meinen beide Partner überhaupt das gleiche?

Für Gabriele und Thomas könnte also zunächst die Klärung dieser Frage wichtig sein. Wenn sie in ruhigem, offenem Regelgespräch ihre eigenen Gefühle prüfen und miteinander austauschen, ergibt sich vielleicht, daß sie in der Tat beide ein Kind wollen, aber die Frage des Zeitpunktes einer Entscheidung bedarf. Das Problem lautet dann also für sie: ein Kind jetzt oder später?

■ Könnte sie Kind und Beruf vereinbaren, wenn sie die Anstellung aufgibt und eine eigene Praxis im Haus eröffnet?
■ Ist es möglich und wünschenswert, daß Thomas seinen Grafikerjob in der Werbefirma halbtags ausübt und Gabriele weiterhin halbtags im Krankenhaus arbeiten kann?
■ Können sie sich vorstellen, das Kind in einer Kleinkindergruppe

Wen immer du fragen würdest, er würde dir sagen, daß es absoluter Quatsch ist, einen sicheren Job aufzugeben, um ein Kind zu kriegen. Das können wir in fünf Jahren immer noch!

Es ist wissenschaftlich erwiesen, daß es mit 35 anfängt, riskanter zu werden.

Alle Lösungsideen, auch die „unrealistischen", sammeln

■ **Alle Lösungsideen aufschreiben**

Gabriele möchte *jetzt* ein Kind, Thomas erst *später*. Im Gespräch geht es um das Für und Wider. Die Aufgabe besteht zunächst darin, das Gespräch nach den Regeln so zu führen, daß wechselseitig negative Gefühle nicht zum unproduktiven Clinch führen, sondern angenommen werden und konstruktiv dem gegenseitigen Verständnis dienen. Dabei werden unter anderem auch solche Fragen offen diskutiert:
■ Was bedeutet es für das Haushaltsbudget, wenn sie ihren Job als Krankengymnastin aufgibt?

betreuen zu lassen, oder ist das nicht akzeptabel?
■ Welche Rolle spielt für beide der Wunsch, ein eigenes Haus zu finanzieren, im Verhältnis zum Kinderwunsch?

Alle in Frage kommenden Varianten werden gesammelt, auch die, welche später wahrscheinlich keine Chance auf Realisierung haben. Denn sie halten die Phantasie so offen und kreativ wie möglich.

Ideen regelgerecht diskutieren

Beide Partner sollten die notierten Ideen vor sich liegen haben, wenn sie beginnen, über die verschiedenen Möglichkeiten zu diskutieren. Es besteht kein Zwang, bereits im ersten Gespräch zu einem Ergebnis zu kommen. Man kann am anderen Tag weiterreden. Schon das Sammeln und Aufschreiben verlangsamt den Entscheidungsprozeß und erschwert so vorschnelle Entscheidungen und auch faule Kompromisse.

Die unterschiedlichen Bedürfnisse und Wünsche können am Ende des Gesprächs fortbestehen, sollten dann aber zu einer fairen und für beide Partner befriedigenden Bewältigung führen.

Beste Idee festhalten

Die Idee, die beiden als die beste erscheint, wird notiert. Zur gegenseitigen Verständigung und auch für das eigene Verständnis ist es wichtig, auch alle möglichen Bedingungen und Konsequenzen festzuhalten.

Schritte zu ihrer Umsetzung aufschreiben

Wie immer sich Gabriele und Thomas entschieden haben, für jetzt oder später, für in zwei (als Kompromiß) oder in fünf Jahren (ohne Überredung), es gibt eine Reihe von Schritten zur Realisierung der Entscheidung zu tun. Dazu wird jetzt festgelegt, wer welche Aufgaben bis wann erledigen soll.

- Gabriele und Thomas müssen sich vielleicht in ihren jeweiligen Arbeitsbereichen nach der Möglichkeit von Halbtagsarbeit und ihrer Vergütung erkundigen.
- Eventuell sind die Bedingungen einer eigenen Praxiseröffnung zu klären.
- Oder sie müssen in Erfahrung bringen, ob es eine Kleinkindergruppe in der Nähe gibt.

Einhaltung der Schritte kontrollieren

Sich an Termine zu gewöhnen, bis zu denen bestimmte übernommene Aufgaben erledigt sein müssen, ist ein besonders wichtiger Punkt dieses Problemlösemodells. Das Paar kontrolliert gemeinsam die Einhaltung der Schritte und kann dabei neue Ideen und Aufgaben integrieren. Wirksam ist dieses Modell nicht nur unter dem praktischen Gesichtspunkt der Umsetzung von einmal gefaßten Vorsätzen. Die offene, vertrauensvolle, partnerschaftliche Klärung einer wichtigen Frage tut der Beziehung selber gut, vertieft sie und bringt wesentlich mehr Elan zur Durchsetzung eines Vorhabens als Festlegungen, die mit unterdrückten oder ungeklärten Gefühlen zustande gekommen sind.

Der nächste Schritt: Wie realisieren wir die Idee?

Das Paar kontrolliert gemeinsam die Einhaltung der Schritte

Im Kollegenkreis gibt's 'ne ganze Reihe, deren Frauen Kinder erst nach 35 kriegen. Das ist heute überhaupt kein Problem mehr. Bei denen ist alles okay. Jeder wird dir sagen, daß du froh sein mußt, daß du einen sicheren Job als Krankengymnastin hast. Das Geld, was wir jetzt nicht zusammenkratzen für das Haus, das kriegen wir später nur noch mit Hängen und Würgen zusammen.

■ Themenvorschläge

Nun geht's um wichtige Themen

Die Zeit des „vorsichtigen" Umgangs mit den vorgeschlagenen oder von Ihnen selbst gewählten Themen ist vorbei. Mit dem Problemlösemodell und den vier Sprecher- und Zuhörerregeln haben Sie ein Instrumentarium zur Verfügung, das Sie bei einiger Vorübung jetzt auch erfolgreich auf Ihre realen Problemthemen anwenden können. Vielleicht greifen Sie auch Themen der vorangegangenen Übungsabschnitte auf, die noch einer Entscheidung bedürfen, oder lassen sich von den folgenden anregen:

Nach dem Motto „Einer muß das Sagen haben!" werden viele Wünsche unterdrückt

■ Wollen Sie in der Stadt oder lieber auf dem Land oder in naturnahen Ansiedlungen wohnen? Zur Miete oder im Eigenheim?
■ Könnten und wollten Sie vom privaten Auto auf öffentliche Verkehrsmittel umsteigen?
■ Wollen Sie Ihre Beziehung intensiver nach innen leben oder sich mehr nach außen öffnen?
■ Wollen Sie jetzt oder später ein Kind?
■ Würden Sie den Urlaub immer gemeinsam oder auch gern einmal getrennt verbringen?

■ Die Aufgabe

Studien, auf denen auch das Programm dieses Buches basiert, haben ergeben, daß es für das Gelingen und die dauerhafte Zufriedenheit in einer Partnerschaft wesentlich darauf ankommt, wie gut Paare gerade unterschiedliche Wünsche und Bedürfnisse zu einem fairen, für beide akzeptablen Ergebnis zusammenführen können.

In vielen Beziehungen passiert leider das Gegenteil. Nach dem Motto „Einer muß das Sagen haben!" werden viele Wünsche unterdrückt. Sie stauen sich auf Dauer zu Ärger und Wut und brechen allmählich an anderer Stelle hervor. Das Zurückstellen eigener Wünsche und Bedürfnisse um „des lieben Friedens" willen beginnt meist schleichend, fast unbemerkt. Deshalb versteht man auch die Gründe eigener Gereiztheit oft nicht.

Vielleicht geht es Ihnen bei der Benutzung dieses Ratgebers darum, einen bereits durchlebten Prozeß der Kommunikationsverschlechterung in der Beziehung durch das neue regelgerechte Gespräch wieder rückgängig zu machen, also gegenzusteuern.

Oder Sie wollen vorbauen, die Kommunikation also gar nicht erst vergiften. Auch dies ist mit Hilfe dieses Buches möglich. Dann sollten Sie lieber ein paar mehr Themen nach den Regeln und dem Problemlösemodell besprechen. Oft ahnt man nämlich gar nicht, welche Aspekte bei einem selbst und nicht nur beim Partner hinter Meinungsverschiedenheiten stecken. Durch dieses regelgerechte Gespräch kommt man sich auch selbst besser auf die Spur.

Die Aufgabe besteht also *für eine Weile* darin, nach den Regeln und dem Problemlösemodell vorzugehen, und zwar auch dann, wenn Sie glauben, eine Meinungsverschiedenheit oder eine auf Entscheidung drängende Frage schon intuitiv mit Ihrem Partner richtig lösen zu können. Intuition bedeutet ja eine spontane Informationsverarbeitung auf der Basis *alter* Annahmen. Nach einer Weile des Übens schleifen sich die neuen Kommunikationsregeln samt Erfolgserlebnissen positiv ein, so daß Ihre Intuition auf neuer Basis sicher bestens funktioniert und Sie sich bei vielen Problemlösungen einfach von den (neuen) Erfahrungen leiten lassen, ohne auf die „Vorschriften" zu starren.

■ Zur besonderen Beachtung

Nach der Lektüre dieses Kapitels könnte der Eindruck zurückbleiben, daß das Gesprächstraining seinen eigentlichen Zweck erfüllt, wenn es um faires Lösen von Interessenkonflikten geht. Das ist nicht so! So wichtig die Entwicklung dieser speziellen Kommunikationsfähigkeiten ist, das Programm entfaltet seine alltägliche Wirksamkeit in jedem Paargespräch, auch und gerade, wenn es nicht immer um Probleme und Entscheidungen geht. Die Forderung, stets von sich zu sprechen, hat nichts mit Egoismus und langem Monologisieren zu tun. Wenn wir im Gespräch nicht „Selbstbildnisse malen", wie Michael Lukas Moeller es für diese Art der Paargespräche fordert, so daß der Partner sich in uns einfühlen kann, „verlernen wir uns in der Beziehung kennen". Den anderen mit Vorwürfen und Schuldzuweisungen zu ändern gelingt nie. Wenn wir dagegen unsere Kommunikation durch die Regelgespräche verbessern, ändern wir uns selbst und die Beziehung, und der Partner ändert sich – manchmal auch in der Weise, wie wir es uns gewünscht, aber nie erreicht hätten.

Die Forderung, stets von sich zu sprechen, hat nichts mit Egoismus und langem Monologisieren zu tun

■ Wahrnehmungstraining leichtgemacht

Sich selbst wahrnehmen zu lernen ist mindestens ebenso wichtig wie die Wahrnehmung des Partners. Im langsamen, vertrauensvollen Gespräch entdecken wir unter Umständen neue Seiten an uns und nehmen unbekannte oder bisher nur schwach geahnte besser wahr.

Auf sehr angenehme, verwöhnende Weise können wir die Wahrnehmung des anderen und seine Selbstwahrnehmung auch durch eine *Partnermassage* unterstützen. Durch einseitige Tätigkeiten und mangelnde Berührung verlernen wir nach der Kindheit sehr häufig komplette Körperbereiche (wie auch die Haltung) intensiv zu spüren.

Im langsamen, vertrauensvollen Gespräch entdecken wir unter Umständen neue Seiten an uns

Ach komm! Du kannst auf der anderen Seite überall nachlesen, wie wichtig es für Kinder ist, junge Eltern zu haben. Na, nimm doch mal die Frankes zum Beispiel, ja, die Frankes. Das sieht doch ein Blinder mit 'm Krückstock, daß die überhaupt nicht mehr flexibel sind, die sind viel zu steif für so ein kleines Kind.

Verewöhnidee: Partnermassage

Am leichtesten verlieren wir beispielsweise eine lebendige Beziehung zu unseren in die Schuhe gezwängten Füßen, aber auch zu unserem Rücken, in unterschiedlichem Maß auch zu anderen Körperteilen. Wenn sich diese „Fehler der Kommunikation mit uns selbst" nicht oft in Schmerzen meldeten, würden wir vielleicht gar nicht bemerken, wie wir mit dem Körperbewußtsein auch unser Selbstbewußtsein verlieren.

Partnermassage kann da höchst wohltuend gegensteuern. Im wöchentlichen Wechsel können Sie sich vielleicht gegenseitig auch ohne allzu große Massagekenntnisse verwöhnen. Dabei muß die Atmosphäre stimmen. Nach einem anstrengenden Tag, wenn Hektik und Nervosität noch nicht verflogen sind, dürfen Sie nicht gleich übereinander herfallen. Entspannen Sie sich erst, gewinnen Sie Abstand zum Tagesgeschehen, am besten auch dadurch, daß Sie die Massage mit einer beruhigenden, die Aufmerksamkeit angenehm auf das Wohlsein hinlenkenden Zeremonie vorbereiten: Wärme im Raum, eine weiche Decke auf dem Boden, Kerzen, entspannende Musik, duftendes Massageöl, das leicht angewärmt bereitsteht. Wenn Sie entspannt sind, lenkt der Körper Ihres Partners auf geheimnisvoll sichere Weise von allein Ihre Hände. Außerdem teilen Sie sich gegenseitig mit, was Ihnen guttut. Für einen Einstieg in die Partnermassage, gute Lagerung und wichtige Griffe eignet sich das beim FALKEN Verlag erschienene Video der *Bremer Gesundheitswerkstatt* „Tele-Partnermassage".

ALLE LEUTE SAGEN ...

Mit Sätzen wie „Meine Mutter hat auch gesagt", „Jeder vernünftige Mensch ist auch meiner Meinung", „Alle Meinungsumfragen beweisen das", „Die Partei hat beschlossen" führen wir Zeugen und Verbündete in Gespräche ein, obwohl es zunächst einmal um unsere eigene Ansicht geht. Wir möchten Fraktionszwang herstellen. Die meisten Menschen sind in der heutigen Kultur damit beschäftigt, für sie vorgesehene Rollen zu übernehmen, Masken zu tragen und irgendwelche Spiele mitzuspielen. Dadurch können sie im großen Strom mitschwimmen und sich hinter allen möglichen Autoritäten verstecken, wenn sie als direkt angesprochene Person in Not geraten. Obwohl sie nach außen selbst handeln und sprechen, agieren sie innerlich fremdbestimmt und verlieren auf diese Weise zunehmend an Autonomie und Selbstsicherheit. Von Experten und Fachleuten umgeben und unter dem Druck, die Berechtigung zur eigenen Meinung nach Möglichkeit mit einem Zertifikat zu belegen, das die Kompetenz bescheinigt, verlieren viele Menschen häufig das Vertrauen in ihre eigene, vielleicht abweichende Überzeugung.

FREMDE MEINUNGEN UND EIGENE ÜBERZEUGUNGEN

Es beginnt eine Art schleichender Selbstverrat, wenn wir bereits als Kinder damit beginnen, unsere Eltern nicht mehr unmittelbar mit unseren eigenen Sinnen wahrzunehmen, sondern uns danach richten, wie diese sich selbst sehen. Anstatt unseren eigenen Gefühlen zu trauen, passen wir uns den elterlichen Wahrnehmungsmustern und Machtbedürfnissen an. Sie müssen ja schließlich für uns geradestehen, wie sie behaupten.

Später wird dieser Prozeß der Selbstverunsicherung in der Schule, am Arbeitsplatz und in der Gesellschaft fortgesetzt, und die Spaltung zwischen der eigenen Innenwelt und den Handlungen und Verhaltensweisen in der Außenwelt wird immer tiefer. Gehorsam und Anpassung ersetzen die Verantwortung für das eigene Handeln und Denken. Sind die Fremdautoritäten und „scheinbaren" Verbündeten genügend verinnerlicht, fällt die Spaltung gar nicht mehr auf. Die fremde oder die Massenmeinung wird zur eigenen. Zunehmend laufen die Menschen an der

Das Bedürfnis nach Selbstbestätigung ist allgemein verbreitet. Den Normen zu entsprechen, mit der Allgemeinheit übereinzustimmen, das gibt Sicherheit. Wirklich gelingen kann aber nur eine Partnerschaft autonomer Menschen. Autonomie bedeutet die Übereinstimmung mit sich selbst, auch auf die Gefahr hin, sich der Kritik auszusetzen. Dieses Wagnis ist in einer Partnerschaft unumgänglich

Hand von allen möglichen Kronzeugen, und allmählich fällt es ihnen leicht, Serienmeinungen für die eigenen zu halten und zu vertreten; sich wie alle anzuziehen, weil es ohnehin der eigene Geschmack ist; die gleichen Reisen zu machen und die statistische Durchschnittsmeinung von Ehe, Familie und Singledasein „nachzuleben". Wenn alle Leute schon sagen, was man selbst sagen wollte, droht keine Gefahr, die eigene Meinung begründen oder gar offensiv vertreten zu müssen. „Man" kann sich sicher fühlen, gehört dazu.

Im Laufe der Sozialisation wird die fremde oder die Massenmeinung leicht zur eigenen

> **Autonomie meint nicht Stärke, Überlegenheit oder Egoismus und Einzelgängertum, sondern beschreibt die größtmögliche Übereinstimmung des Menschen mit seinen eigenen Gefühlen und Bedürfnissen. Sie setzt Vertrauen in sich selbst voraus, und zwar nicht nur in die eigenen Leistungen und Erfolge, sondern auch in die Fähigkeit, wenn notwendig umzukehren oder Leid, Schmerz und Niederlagen zu akzeptieren**

AUTONOMIE

Autonom aber ist eine Person, die zur Begründung ihrer Position nicht irgendwelche Zeugen und Verbündete braucht; auch wenn sie Rat annehmen kann, ist sie nicht in jedem Moment von anderen abhängig. Sie ist fähig, sich weitgehend ohne Angst eigene Urteile zu bilden und diese auch umzusetzen, und weiß, woran sie glauben soll und will. Sie kann gut mit anderen Menschen zusammensein und gleichzeitig die eigenen und die Freiräume der anderen wahren. Autonomie ist nicht der harte Kampf um Selbstbehauptung und Überlegenheit, in dem man sich und der Gesellschaft mit kräftigen Ellenbogen ständig Beweise der eigenen Stärke zu liefern hat,

Autonom ist eine Person, die zur Begründung ihrer Position nicht irgendwelche Zeugen und Verbündete braucht

gleichgültig ob für oder gegen die bestehenden Normen. Vielmehr beinhaltet Autonomie die Fähigkeit, ein Selbst zu haben, das auf dem Zugang zum eigenen Sinn und auf authentischen Erfahrungen mit anderen Menschen gründet. Ein weitgehend autonomer Mensch ist auch in der Lage, Anstöße und Kritik von außen nicht nur auszuhalten und aufzunehmen, sondern diese in einen Prozeß notwendiger Veränderungen zu integrieren. Diese Autonomie weiß von Freiheit und von Abhängigkeit. Sie ist nicht das Gefühl oder Bedürfnis selbst, sondern die Kraft zur Integration der Gefühle in die Realität. Sie schützt die eigene Intimität und die des Partners.

■ Gefahren für die Autonomie

Wer diese Art von Selbstachtung nicht entwickelt, kann sie auch nicht bei anderen Menschen unterstützen. Das gilt ganz besonders für Eltern im Hinblick auf ihre Kinder. Kinder, die nur die Perspektive ihrer Eltern kennengelernt haben, übernehmen diese als eigene, und nicht immer wird ihnen das später bewußt. Als Erwachsene sehnen sich diese Menschen zwar nach Freiheit und Unabhängigkeit, und jeder erwartet diese Selbständigkeit auch von ihnen, aber unbewußt bleiben sie weiterhin an die Mächte und Personen gebunden, von denen sie Anerkennung und Lob erwarten. So lernen Menschen in frühester Kindheit, vor allem den Forderungen jener nachzugeben, von deren Liebe sie sich besonders abhängig fühlen. Ohne darüber nachdenken zu können, haben sie dabei gelernt, Freisein mit Ungehorsam gleichzusetzen. Dies bleibt aber nicht auf die Eltern-Kind-Beziehung beschränkt, sondern kann später in gleicher Weise auch politisches und öffentliches Verhalten bestimmen. Um „geliebt" und „anerkannt" zu werden, um Karriere zu machen, sind manche Menschen bereit, Meinungsdisziplin bis zur Meinungslosigkeit zu üben. Eine eigene Meinung wirklich frei und unabhängig zu vertreten, kann deshalb große Angst verursachen. Sich beispielsweise in einer U-Bahn für einen Menschen

einzusetzen, der überfallen wird und in Lebensgefahr gerät, übersteigt für die meisten Menschen schon ihre Möglichkeiten. Sie schauen weg, holen nicht einmal fremde Hilfe.

Im Gegenteil! Deine Freundin hat neulich hier gesessen und uns vorgeschwärmt, wie glücklich Frankes sind und daß sie alles für ihr Kind tun. Ich kann das sehr gut nachvollziehen, was die Leute sagen: daß Eltern, die beruflich aus dem Gröbsten raus sind, sich viel lockerer um ihr Kind kümmern können.

■ Verlust der Autonomie

Schon das Gefühl für Autonomie kann auf diese Weise zerstört werden. Bereits die Indoktrination, daß nichts, was wirklich trägt und einen Menschen weiterbringt, aus Eigenem kommt, daß man ohne Abitur in manchen Zusammenhängen erst gar nicht den Mund aufmachen sollte, daß rebellische und antiautoritäre Menschen ohnehin in der Gosse landen, daß kluge Frauen mit eigener Meinung sich nicht als Ehefrauen eignen – solche Einstellungen werden kontinuierlich als Überzeugung gelernt und verstärken damit eine negative Haltung zu sich selbst, was sich wiederum verheerend auswirkt. Man lernt, seinen eigenen Einsichten und Erfahrungen zu mißtrauen und die eigenen Bedürfnisse und Motive nicht mehr zu erkennen. Zunehmend fehlt vielen Menschen deshalb ein eigenes Zentrum, ein Mittelpunkt,

Menschen lernen in frühester Kindheit, vor allem den Forderungen jener nachzugeben, von deren Liebe sie sich besonders abhängig fühlen

aus dem heraus sie handeln und mit anderen Menschen und einem Partner in Verbindung treten können. Ein nicht-autonomer Mensch braucht andere nicht zur Kommunikation und zum Austausch von Zuneigung, sondern weil er von ihnen abhängt. Es gelingt ihm nur schwer, allein zu sein, er muß ständig bestätigt, beruhigt und emotional unterstützt werden. Fehlen Personen, die diese Aufgabe übernehmen, so zieht er sich auf abstrakte Zeugen und Verbündete zurück. Zwischen Einsamkeit und Abhängigkeit lebt er ein Leben, das nichts mehr fürchtet als die eigene Freiheit und Eigenständigkeit. Ist das Ausmaß an Nicht-Autonomie sehr groß, dann werden allmählich fast alle persönlichen Entscheidungen gelöscht, auch eigene Gedanken und Gefühle zum Schweigen gebracht, denn jeder Gedanke und jede Entscheidung ist schließlich schon von einem „Zeugen" gedacht oder einem „Verbündeten und Gleichgesinnten" getroffen worden, hinter denen man verschwinden kann. Die eigene Identität geht auf diese Weise nach und nach verloren, es bleiben nur noch die unveränderlichen Kennzeichen im Reisepaß. Der Mangel an Autonomie ist – darauf wurde schon hingewiesen – kein Privatproblem und auch keine Charaktereigenschaft, mit der ein Mensch zur Welt kommt.

Ist das Ausmaß an Nicht-Autonomie sehr groß, kann die eigene Identität verlorengehen

Jeder Mensch wird mit dem Wunsch geboren, sich frei und unabhängig entwickeln zu können, auch wenn er für diesen Prozeß Hilfe, Rat und Unterstützung braucht. Konkrete Autonomie aber muß im Alltag geübt, gelernt und vor allem ermöglicht werden

Der Mangel an Autonomie kommt deshalb zustande, weil diese Möglichkeiten nicht gewährt und der Wunsch nach Freiheit und Selbständigkeit mehr oder weniger gewaltmäßig untergraben und unterdrückt worden ist. Jeder von uns kann im Kontext seiner Lebensgeschichte verlernen, der uns begegnenden Macht, Unterdrückung, Selbstverachtung, Armut oder Gewalt immer wieder neu das Bild und die Perspektive der eigenen Autonomie entgegenzusetzen.

AUTONOMIE IN DER PARTNERSCHAFT

Die Paarbeziehung ist nach der Eltern-Kind-Beziehung die wichtigste „intime" Bühne, auf der das Auftreten in Masken und fremden Kleidern fatale Folgen hat. Wenn das Gespräch unter vier Augen von allen möglichen Zeugen und Verbündeten umstellt wird, kann es nicht gelingen. Das direkte Paargespräch braucht autonome und um Autonomie bemühte Menschen, die zu Intimität und entgegenkommender Integration in der Lage sind. Partner sind gefragt, die sich ganz konkret um die eigene Wahrheit bemühen und die keine fremden Autoritäten brauchen, um ihre Meinung und die dazugehörenden Gefühle und Wünsche zu äußern. Nicht wer recht hat, besser reden kann, mehr Nachgewiesenes auf seiner Seite hat, ist gefragt, sondern die gemeinsame Lösung eines Problems ist das Zentrum. Nur auf dieser Basis entstehen echte Zwiegespräche (Moeller).

Für Menschen, die es aus vielerlei Gründen nicht fertigbringen, ihre Masken, ihre öffentliche Rolle oder ihre Hemmungen abzulegen oder die ihre Gefühle hinter Alkohol und Tranquilizern verbergen, für Menschen, die sich ihrem Partner total unterlegen fühlen oder umgekehrt machtbesessen und siegessicher beim Partner kein anderes Argument als das eigene gelten lassen, für diese Menschen ist es schwer oder gar unmöglich, der Forderung nach Autonomie und Intimität nachzukommen.

Ihr eigener Mangel an psychischer Autonomie hat sie „autistisch" gemacht, und sie fühlen sich durch solche Forderungen eher existentiell bedroht. Während ihre zitierten Verbündeten noch formal auf der Wortbühne kämpfen, verschließen sie sich unsichtbar in sich selbst und wehren den Gesprächspartner mit einem Schwall von fremden Argumenten ab. Sie mauern sich ein und spüren kaum noch, daß sie Schritt für Schritt aus dem Kontakt heraustreten. Wenn dann die fremden Argumente noch mit zunehmender Lautstärke vorgetragen werden, ist der Kontakt schon längst abgebrochen.

Nur auf der Basis von Autonomie entstehen echte Zwiegespräche

AUTONOMIEVERLUST ALS GESELLSCHAFTS- PHÄNOMEN

Diese grundsätzlich abwehrende und unzugängliche Gesprächshaltung erinnert durchaus an im engeren Sinne an Autismus erkrankte Menschen. Autistische Menschen sind unfähig, in sich selbst die Gründe und die Definition für die eigene Existenz zu finden oder sich durch ein stabiles Selbstbild jene minimale Sicherheit anzueignen, mit der man die Konfrontation mit der äußeren Realität überleben kann.

Es stellt sich die Frage, ob der offensichtlich zunehmende Prozeß eines gesellschaftlichen Autonomieverlusts und der Rückgang von Autonomie beim einzelnen Menschen nicht längst eine Form von „Autismus" erzeugt haben, an dem wir alle leiden und der das Leben und Sprechen in unseren Beziehungen

Ein Heer von „öffentlichen Ratgebern" versperrt uns die Sicht auf unser Selbst

nachhaltig prägt. Zumindest sehen wir einen Prozeß der Entmündigung, der die Menschen zunehmend von öffentlichen Ratgebern und Verbündeten abhängig macht, weil wir offensichtlich nicht mehr ohne Experten essen, trinken, schlafen, lieben, uns die Zähne putzen oder gar entscheiden können, was uns wirklich gut tut. Wir lesen in Broschüren nach, was uns gut tut, anstatt an uns selbst wahrzunehmen, wie es uns geht.

AUTONOMIE UND INTIMITÄT

Partnerschaft leben lernen heißt, Intimität zuzulassen und um Autonomie zu streiten

Partnerschaft leben lernen heißt, Intimität zuzulassen und um Autonomie zu streiten. Grundlage dafür sind allerdings die Orientierung des Paares an der Gegenseitigkeit und der Versuch, die Schattenfiguren von Zeugen und Verbündeten in intimen Gesprächen vor die Tür zu schikken, sich jedoch gleichzeitig ihr Gesicht zu merken für den

Fall, daß sie unverhofft wieder auftauchen. Die Gegenseitigkeit gründet auf dem Wunsch, sich liebend zu akzeptieren und zu respektieren und nach einer Lösung des Problems zu suchen, die beide Partner und ihre Gedanken und Gefühle umfaßt.

Intimität bedeutet auch Vertrauen und bedarf der Entschlossenheit, sich alles offen mitzuteilen, was zur Klärung beitragen kann. Der Partner darf nicht fürchten, daß der andere die eigenen Schwächen ausnutzt oder zu ironischen Attacken benutzt, wie wir es aus den Beziehungsfallen kennen. Offenheit und Intimität gehen Hand in Hand mit einem tiefen Gefühl für Takt, der nicht mit oberflächlicher Höflichkeit oder „Ehrlichkeit um jeden Preis" zu verwechseln ist, sondern ein intuitives Wissen dafür entwickelt, welche Fragen und Eigenschaften zum richtigen Zeitpunkt und in welcher Weise ausgesprochen werden können oder müssen und welche zu vertagen sind, damit das Gespräch zu einer Lösung des Problems führen kann.

Die Auseinandersetzung um die Autonomie in der Beziehung und die Freiheit der einzelnen Partner verlangt die Bereitschaft zur Veränderung und zu lebenslangem Lernen in der Partnerschaft. Echter Ärger und ausgedrückte Wut bringen dabei die Wahrheit eher an den Tag als harmonisierendes gebnis aus vielen Machtkämpfen, Enttäuschungen, Loyalitätskonflikten, Eingriffen von innen und außen, gelungenen und mißlungenen Projekten, Wissen und Intuition gewonnen wird, sind um Autonomie ringende Auseinandersetzungen ohne Zeugen und Verbündete nicht immer

Wichtig: die Bereitschaft zur Veränderung und zu lebenslangem Lernen

Arrangement. Wo Intimität und Autonomie herrschen, ist es selbstverständlich, daß nicht um Autorität gestritten wird, sondern daß beide Partner auf ihre eigene natürliche Autorität zurückgreifen und die des anderen als Ausdruck seiner Persönlichkeit anerkennen, selbst wenn dann trotzdem noch über einzelne Positionen gestritten wird.

Da jede intime Kenntnis des Partners und jede Intimität in einer Beziehung mühsam als Er- friedlich und voller Zuneigung, sondern vielfach aggressive Streitgespräche. Gerungen wird in ihnen um die schwierige Balance zwischen Distanz und Nähe, Geben und Nehmen, Freiheit und Bindung.

Oft sind diese Gespräche Balanceakte am Rande des Abgrunds, wenn die anstehende Frage die eigene Kraft übersteigt oder weit und breit keine Lösung in Sicht ist. Davon handelt die letzte Beziehungsfalle.

Drohungen und Versöhnung ohne Klärung

Schau mal. Es geht doch gar nicht nur um heute und nicht nur um Sex. Aber irgendwie ist mit dir nichts mehr los...

Ach. Daß das auch an dir liegen könnte, darauf kommst du gar nicht, wie?!

An mir?! Da merk´ ich bei den Männern in meiner Umgebung aber was ganz anderes!

Die Beziehungsfalle Nr. 6, Drohungen und Versöhnung ohne Klärung, hat zwei Aspekte. Drohungen erscheinen als letzter Weg, etwas durchzusetzen, und Versöhnung ohne Klärung folgt oft auf einen heillosen Krach, aus dem kein anderer Ausweg möglich scheint. Drohungen reißen Wunden, Versöhnung ohne Klärung vergiftet die Beziehung in kleinen Dosen

Vielleicht ist das, was dann kommt, nicht so besonders aufregend...

Vielleicht soll ich ja..., vielleicht sollt´ ich einfach mal losziehen, vielleicht sollt´ ich mal meine Erfahrungen machen. Bin gespannt, was die Männer mir so sagen...

Hey...du bist die tollste Frau, die ich kenne!

Jaa??

Beziehungsfalle Nr. 6

Gerade bei heiklen Themen ist es nicht leicht, eigene Wünsche und Bedürfnisse zu äußern. Es hilft aber nicht weiter, wenn einer den anderen durch Drohungen beeinflussen will oder beide einen Konflikt unter einer Scheinharmonie verbergen. Wünsche müssen ausgesprochen werden, und beide Partner müssen es üben, die Enttäuschung über nicht erfüllte Wünsche auszuhalten

Weil Gabriele und Thomas nicht offen über ihre Wünsche sprechen (können), eskaliert die Situation bei dem heiklen Thema Sexualität in Sekundenschnelle. Die Enttäuschung über die mißlungene Annäherung läßt Gabriele sticheln: „Mit dir ist irgendwie nicht mehr viel los."

Ab dann überschlagen sich die gegenseitigen Vorwürfe bis zu Gabrieles Drohung, sie könne ja mal bei anderen Männern ausprobieren, wie aufregend die sie fänden. Thomas' Antwort ist ebenfalls eine Bedrohung, sie bedroht die ganze Beziehung: „Einverstanden", sagt er, „laß dich doch mit anderen Männern ruhig ein!" Drohungen und Gegendrohungen – mit ihnen verletzt man meistens nicht nur den Partner, sondern auch sich selbst, und in dieser Situation können die konkreten Drohungen besonders verletzend sein.

Bis dahin belegt die Szene nur, daß es sich gerade auch beim Äußern erotischer Wünsche verheerend auswirken kann, wenn ein Partner etwas mit Sticheleien und Beschuldigungen erreichen will, statt die eigenen Gefühle zu verdeutlichen, und damit gegen die erste Sprecherregel verstößt, nämlich sich zu öffnen.

Daß die so heftig eskalierte Szene dann eigentlich nur noch in einer Versöhnung enden kann, damit sozusagen eine Schadensbegrenzung erreicht wird, scheint geradezu eine glückliche Wendung, die den beiden ihre immer noch vorhandene Liebe bestätigt, ja im nachhinein Gabrieles Wunsch noch erfüllt und damit den Anschein einer zwar umwegigen, aber im Endeffekt gelungenen Kommunikation bekommt. Indem aber die ersten Kommunikationsfehler, die zu den gegenseitigen Verletzungen mit ihren Spuren führen, nicht bewußt und dadurch für die Zukunft vermeidbar werden, bekommt die Versöhnung ihren fatalen Aspekt.

Was nur unter den Teppich gekehrt und nicht angesehen oder ausgeräumt wird, häuft sich dort im Laufe der Zeit zu buckligen Stolperstellen der Beziehung auf. So kommen immer neue Enttäuschungen über nicht erfüllte Erwartungen an die Beziehung zusammen. Das hat fatale Folgen:

■ Zuerst wird aus der Beziehung ein Nebeneinander statt ein Miteinander. Die Liebe stirbt auf diese Weise langsam.

■ Später entsteht ein Gegeneinander, gekennzeichnet von dauerenden Vorwürfen, Strafaktionen und demonstrativer Verachtung. Schließlich ist nicht „nur" eine Liebesbeziehung, sondern die ganze große Erwartung an dieses eine Leben zerstört worden.

■ Die Beziehung ist gescheitert und wird entweder unter Haß- und Resignationsgefühlen aufrechterhalten (in einseitiger oder in gegenseitiger Abhängigkeit), oder die Partner trennen sich.

STREIT

Ein Grund, warum Menschen Konflikte lieber unter den Teppich kehren und zum auf Dauer immer wirkungsloseren Mittel der spontanen Versöhnung ohne Klärung greifen, liegt in der verbreiteten Einstellung zum Streit. Wenn in der Familie die Kommunikationsfertigkeiten der Eltern – wie beinahe überall – unterentwickelt sind, müssen Kinder den Streit der Eltern als Krach und bedrohliches Geschrei erleben. Damit verbunden ist die Angst vor Gewalttätigkeiten oder Trennung der Eltern.

Gelernt wird so, daß Streit etwas Böses ist, ein Zeichen von Lieblosigkeit, das zur Trennung führen kann. Und umgekehrt: Menschen, die sich lieben, streiten nicht, oder: Der Klügere gibt nach. Und das bedeutet im Endeffekt, lieber Meinungs- und Bedürfnisunterschiede unter den Teppich zu kehren als es über sie

zum Streit kommen zu lassen. Das aber ist der Anfang vom Ende einer Liebesbeziehung, wie wir bereits gesehen haben.

Wenn Streit die lebendige Auseinandersetzung zweier autonomer, gleichwertiger Menschen um ihre Meinungen und Bedürfnisse nach den in diesem Buch beschriebenen *Kommunikationsregeln* ist, dann ist er enorm konstruktiv und bewahrt das Leben, die Liebe und die Beziehung vor Stillstand, Starre und Verödung.

■ **Die Ent-Täuschung üben**

Wenn zwei sich zueinander hingezogen fühlen, sich verlieben und miteinander leben wollen, dann haben sie offenbar eine Menge Gemeinsamkeiten zwischen sich entdeckt. Leider macht die Liebe bekanntlich aber auch ein wenig blind, das heißt, daß sie zumindest in ihrem ersten Stadium dazu neigt, Trennendes, weniger zueinander Passendes einfach auszublenden. So entstehen wechselseitige Illusionen. Das ist kein Problem, wenn beide sich nach und nach über ihre Erwartungen an das gemeinsame Leben, eben die Beziehung, auseinandersetzen, sich einander gegenübersetzen und sich darüber verständigen, worin sie übereinstimmen und welche Vorstellungen sich unterscheiden. Dabei kommt es zu wünschenswerten (nicht verdrängten) Ent-Täuschungen über den Partner, aber auch zu Neuentdeckun-

Konflikte werden unter den Teppich gekehrt aus Angst vor Streit

Ent-Täuschungen zuzulassen bedeutet auch, Neues zu entdecken

gen von bisher nicht bewußten Gemeinsamkeiten und – nicht zuletzt – zu der Erfahrung, daß sich Einstellungen und Erwartungen in einer lebendigen Partnerschaft natürlich auch verändern können.

Hilfreiche Einsicht: daß die Andersartigkeit überwiegt

Wenn sich in einer Partnerschaft beide an die Einsicht gewöhnen, daß realistischerweise die Andersartigkeit statt der Gleichartigkeit der Partner angenommen werden muß, müssen unterschiedliche Einstellungen, Bedürfnisse, Wünsche und Gefühle nicht zu Mißtönen oder dem Eindruck führen, eine falsche Beziehung eingegangen zu sein.

> In der Partnerschaft muß eingeübt werden, Ent-Täuschungen über Unterschiede und Widersprüche auszuhalten. Bei Unterschieden in wichtigen Grunderwartungen an die Partnerschaft sind vielleicht durch regelgerechte Gespräche und mit Hilfe des Problemlösemodells faire Kompromisse möglich. Bei schweren Unvereinbarkeiten kann auch ein Beratungsgespräch in einer Ehe-, Partnerschafts- und Familienberatungsstelle weiterhelfen

Im folgenden finden Sie eine Reihe von möglichen Erwartungen an Partnerschaft und Sexualität. Sie können sie wie die bisher vorgeschlagenen Themen im wöchentlichen Regelgespräch diskutieren und ihre Bedeutung für sich klären. Sicher fallen Ihnen weitere Themen ein.

■ Themenvorschläge

■ Erwartungen an die Partnerschaft

Liebe, Akzeptanz, gegenseitige Förderung, gegenseitige Achtung, Vertrauen, Romantik, sexuelle Erfüllung, Freundschaft, gegenseitige Verpflichtung, Kameradschaft, Selbstverwirklichung, Kindererziehung, gleiche Weltanschauung, Anregungen, finanzielle Sicherheit, gemeinsame Aktivitäten, gemeinsamer Freundeskreis, Religion, Versorgung bei Krankheit im Alter, Sterbebegleitung usw.

■ Erwartungen an die Sexualität

Lust, Zärtlichkeit, Geborgenheit, Phantasie, Abenteuer, Hingabe, Begierde, Treue, Vertrauen, Kreativität, Orgasmus, Rücksicht, Glück, Schwangerschaft, Empfängnisregelung, Hygiene, Einfühlungsvermögen, Geduld, Entspannung, Verständnis usw.

■ Die Aufgabe

Schauen Sie sich die Begriffe in Ruhe an und finden Sie heraus, welche Sie an einem Ihrer verabredeten Termine für das regelgemäße Paargespräch gerne erörtern würden. Schreiben Sie weitere eventuell für Sie wichtige Erwartungen an Ihre Partnerschaft auf, und verständigen Sie sich mit Ihrem Partner auf ein oder zwei Themen pro Termin. Wie bei allen anderen Gesprächen erläutern Sie sich zunächst gegenseitig die Regeln. Stellen Sie das Merkblatt mit den Regeln wieder zwischen sich auf, und drehen Sie es beim Rollenwechsel jeweils um. Denken Sie daran, daß es darauf ankommt, *alle* Regeln während eines Gesprächs im Zusammenhang anzuwenden. Bei den scheinbar sehr allgemeinen Themen ist es besonders wichtig, daß Sie *Ihre eigenen* Vorstellungen, Gefühle, Wünsche und Gedanken an konkreten Beispielen und Verhaltensweisen verständlich machen und beim Thema bleiben. Der Partner hört aufmerksam zu, faßt zusammen und fragt nach, bestärkt Sie womöglich und hält auch mit den Gefühlen nicht hinterm Berg, die Ihre Erwartungen in ihm auslösen. Wechseln Sie so oft die Rollen, bis Sie ein klares Bild von den wechselseitigen Erwartungen bekommen haben, die Sie selbst und Ihr Partner mit einem Begriff verbinden. Manchmal ist es hilfreich, das Problemlösemodell zu Hilfe zu nehmen.

■ Zur besonderen Beachtung

Obwohl die Themen Sexualität und Erotik und die Aufforderung, mit dem Partner über die eigenen Wünsche offen zu reden, besonders in Frauenzeitschriften nicht viel seltener als Diätthemen präsent sind, gibt es in der Praxis wohl immer noch kaum etwas Schwierigeres. Während man in anderen Lebensbereichen ganz selbstverständlich davon ausgeht, daß man seinen Partner manchmal mehrfach auf einen bestimmten Wunsch aufmerksam machen muß, gilt für das Thema Erotik anscheinend der Glaube,

Mir ist heute einfach nicht danach. Muß man das denn immer begründen können?!

daß sich sowieso nichts mehr verändert, wenn die erste Äußerung eines Wunsches nicht zum Ziel geführt hat. Die Gefahr, seine Wünsche gleich in Beschuldigungen und Vorwürfe zu kleiden, ist gerade beim empfindlichen Thema Sexualität sehr groß und kann auch ganz besonders kränkende und verunsichernde Folgen haben. Statt dessen die eigenen Gefühle zu

Diskutieren Sie mit Hilfe der Regeln die gegenseitigen Erwartungen

Mehrfach auf einen Wunsch aufmerksam machen und nicht gleich beim ersten Mißerfolg aufgeben

äußern ist deshalb hier ganz besonders wichtig. Weil das bei diesem Thema zunächst so schwer ist, wird häufig sehr allgemein und zu wenig konkret über die jeweiligen Wünsche gesprochen, und das führt letzten Endes nicht weiter.

Es ist schon viel gewonnen, wenn man die Erwartungen des Partners kennenlernt, auch wenn man diesen nicht gleich nachkommen kann oder will.

■ Wahrnehmungstraining leichtgemacht

Es ist sicher nicht ganz leicht, aber eine *Erleichterung,* wenn Sie für Ihren Partner auch einmal *erotische Wunschzettel* in Ihre Wunschdose legen!

Sexuelle Störungen entspringen fast immer Beziehungsstörungen

Im übrigen sollten Sie bei sich selbst im Verlaufe der nächsten Monate die Wahrnehmung nachprüfen, die Michael Lukas Moeller mit Paargesprächen gemacht hat. Zwiegespräche, sagt er, sind das beste Aphrodisiakum für die Liebe. Sie wirken aus gleich mehreren Gründen erotisierend: Sexuelle Störungen entspringen fast immer Beziehungsstörungen. Gerade diese werden ja aber durch das miteinander redende Paar aufgearbeitet (und nicht unter den Teppich gekehrt). Im Regelgespräch bekommt die Intimität eine größere Chance durch wechselseitige Einfühlung. Das Annehmen der Andersartigkeit des Partners spielt eine ebenso wichtige Rolle wie der generelle Wunsch, sich verstehen zu wollen. Die größere Abstimmung untereinander führt zu einer stärkeren Erotik, und diese erzeugt ein tieferes Geborgenheitsgefühl, aus dem heraus wieder eine gewagtere Entwicklung in der Erotik möglich ist.

Apropos Musik: Thomas und Gabriele hätte unmittelbar nach der Arbeit vielleicht etwas entspannende Musik gutgetan. Oder versuchen Sie es am Feierabend einmal mit Autogenem Training

oder Fußreflexzonenmassage zu Hause, wenn Sie glauben, daß Sie nach der Anstrengung und Hektik des Tages nur schwer in eine intensive, intime Paarbeziehung hineinfinden. Die *Bremer Gesundheitswerkstatt* hat Anleitungen zum Autogenen Training und zur Fußreflexzonenmassage – in Verbindung mit entspannender Musik – herausgegeben. Sie sind beim FALKEN Verlag auf Videokassetten erschienen.

Schwamm drüber

Die Drohung zu gehen, ist das letzte Register, das gezogen wird, wenn ein Gespräch in der Sackgasse gelandet ist und in gegenseitige Beschimpfungen ausartet. Die Partner sind auf Kollisionskurs gegangen und prallen mit ihren Wünschen und Vorstellungen von Liebe und Beziehung, von Lust und Befriedigung, aber auch mit ihren Enttäuschungen und ihrem versteckten Zorn aufeinander. Je intimer und heikler das Thema ist, desto größer ist die Gefahr gegenseitiger Kränkung und Verletzung und um so schwieriger auch die Einhaltung von Regeln wie „sich öffnen, von sich reden" oder „offen zuhören, nachfragen und den Partner verstärken", wenn man darüber spricht. Wenn es „ans Eingemachte" geht, dann geht es um den Kern und die Wahrheit einer Beziehung, manchmal auch um die letzte Reserve, die nun verbraucht oder wieder „aufgefüllt" wird. Zu den sicher schwierigsten Themen in einer Paarbeziehung gehört das Gespräch über Sexualität und die eigenen sexuellen Wünsche und Vorstellungen von Erotik. Das hat nicht nur subjektive Gründe, die mit den besonderen Schwierigkeiten einzelner Menschen zu tun haben.

Zärtlichkeit und Sexualität

Die Sehnsucht nach dem privaten Glück, befriedigender und im Zeitalter von AIDS sicherer Sexualität und körperlicher Zuwendung und Zärtlichkeit erscheint heute größer denn je. Die Intensität dieses Wunsches hängt nicht zuletzt mit der Zunahme der äußeren Bedrohung unseres Glücks zusammen, denn je nachhaltiger sich Menschen durch internationales Kriegsgetümmel und ökologische Katastrophen bedroht fühlen, desto größer ist die Sehnsucht nach dem Glück zu Hause und im Bett. Doch auch dieses Glück ist bedroht. Immer mehr Paare geben auf und lassen sich scheiden. Die eigene leidenschaftliche Romantik des Anfangs überlebt im Alltag nicht. Arbeit, die Versorgung der Kinder, der Kampf ums Geld, die Konfrontation mit einem letztlich fremden Menschen auf engstem Raum stellen in Frage und gefährden, was die Illusion vom Leben zu zweit versprochen hat. Besonders bedroht ist in den meisten Fällen die tägliche Zärtlichkeit und eine sich langsam entwickelnde, beiderseits befrie-

Das Streben nach Glück und Erfüllung ist ganz besonders auch auf Erotik und Sexualität gerichtet. Häufig besteht jedoch eine Diskrepanz zwischen Anspruch und Wirklichkeit. Die Angst, nicht mit der Norm mithalten zu können oder den Wünschen des Partners nicht zu genügen, steht neben der Frustration über ungenügende sexuelle Erfüllung. Aber auch die Sexualität entwickelt sich, und in einem Lernprozeß müssen die Partner sich selbst und einander erst entdecken. Das ist nur in Offenheit und nicht in Scheinharmonie möglich

digende Sexualität, der erotische Teil der Liebesbeziehung, der am meisten Zeit, viel Sorgfalt und gegenseitige Achtung verlangt. Gerade dieser Teil der Paarbezie-

hung wird aber häufig zusätzlich noch zum Vehikel für viele andere Wünsche und Ansprüche gemacht. Es gilt als letzter Beweis für die Stabilität des eigenen Lebens, wenn es „draußen" nicht klappt. Das innere Glück soll den äußeren Frust kompensieren, hier soll der Lohn für die äußere Plage liegen.

Für die meisten Menschen ist Intimität mehr oder weniger eng mit ihrer Vorstellung von Sexualität verknüpft. Intimität ist für sie die Vorbedingung gelungener Sexualität, und gemeint ist damit eine Art paarbezogener Geheimwissenschaft, über die die Partner selbst kaum zu sprechen wagen. Sexualität ist die individuelle Art zu lieben, die sich nicht normieren läßt und der öffentlichen Kontrolle entzogen werden muß. Im Schlafzimmer hat kein Fremder etwas zu suchen, und wenn überhaupt, ist nur von der Sexualität der anderen die Rede.

Über die sexuelle Unlust zu sprechen erscheint oft als großes Drama

Aber weder die Liebe noch die Sexualität sind eine Insel, auf die man sich zurückziehen kann. Die Menschen kommen eben müde von der Arbeit, sind von den Kindern genervt, haben finanzielle Probleme und fühlen sich durch die Erwartungen des Partners weniger herausgefordert und angeregt als vielmehr erschlagen. Im Alltag einer Beziehung ist die Lust des einen Partners die Migräne des anderen, der sich auf diese Weise aus dem Staub macht. Über die Unlust zu sprechen erscheint als das größere Drama, wo doch ohnehin schon alles zerredet wird. Woher sollen die Maßstäbe kommen, die den Gefährdungsgrad einer Paarbeziehung in dieser Situation anzeigen?

Während die einen das Geheimnis der Liebe und die Intimität der Sexualität retten wollen und aus diesem Grunde schweigen, hängen die anderen jeden Abend vor dem Fernseher, um sich öffentlich vorführen zu lassen, wie „man" Liebe „macht". Sie schweigen auch, vor allem über ihre eigenen Bedürfnisse und Versagensängste. Je größer die Schwierigkeiten der Menschen sind, den „Durchschnitt" zu halten, desto umfangreicher und detaillierter fallen die wohlmeinenden Ratschläge aus.

In diesem Klima einer großen Diskrepanz zwischen Anspruch und Wirklichkeit haben Aufklärungsbücher ebenso Hochkonjunktur wie Pornographie. Beide erhöhen zusätzlich den öffentlichen Druck, die Norm zu erfüllen, denn im Falle des Versagens wird die Schuld immer bei dem einzelnen Menschen gesehen, der sich nur nicht genug bemüht, und nicht etwa in den Verhältnissen, die zärtliche Sexualität verhindern.

NORMIERUNG DER SEXUALITÄT

War es in früheren Zeiten die Kirche, die festlegte, was an der Sexualität gut und erlaubt und was schlecht und sündhaft ist, so werden heute Wissenschaft und Psychologie zur normierenden Instanz. Sie zeigen auf, welche Erscheinungsformen des Sexuellen am häufigsten sind, und rechnen aus, was „normal" ist. Auf diese Weise wird indirekt ein Bild „gesunder Sexualität" entworfen, das sich deutlich von dem Bild unterscheidet, das neurotisch oder pathologisch genannt wird.

Vielleicht versprichst du ja mehr als du dann hältst...

Die neue öffentliche Einstellung beeinflußt auf vielfältige Weise unterschwellig auch das intime Gespräch der Partner über Sexualität und das eigene Verlangen. Wenn alles erlaubt und alles möglich ist, wenn Frauen endlich offensiv sein sollen und der Seitensprung des Mannes „genetisch" bedingt ist, wenn Pillen und Alkohol antreiben, was nicht mehr von selbst läuft, dann ist der Druck auf die Menschen groß, die nach eigener Meinung nicht mithalten können und außerhalb der Norm liegen. Die Vielfalt und Offenheit, die eigentlich befreien sollte, wirkt verunsichernd.

Heute legen Wissenschaft und Psychologie die Normen fest

ANSPRUCH UND WIRKLICHKEIT EIGENER SEXUALITÄT

Viele Menschen verwechseln die öffentliche Diskussion über Sexualität und sexuelle Phantasien mit ihrer eigenen Realität, so daß ihnen im Vergleich das eigene Sexualleben besonders ärmlich, phantasielos und dürftig erscheint. Die öffentliche Meinung, aber auch Freunde und Bekannte suggerieren, daß es bei anderen Paaren ganz anders zugeht, daß da keiner ständig müde ist und daß der Sex häufiger, wilder, leidenschaftlicher und intensiver ist. Insofern gefährdet dieses öffentlich transportierte Bild von Sexualität nicht nur die Vor-

Das öffentlich transportierte Bild von Sexualität gefährdet oft die eigene Zufriedenheit im Bett

stellung von und die Zufriedenheit mit der eigenen Sexualität. Das könnte manchmal sogar wichtig und nützlich sein. Dieses Bild transportiert aber auch den Irrglauben von der Ehe als einer romantischen Leidenschaft mit garantierten sexuellen Abenteuern, wenn man nur genug techni-

Das mußt ausgerechnet du sagen! Du kommst ja überhaupt nicht in die Gänge, wenn ich nicht jedesmal anfangen würde...

„Technische" Ratschläge können nützen, wenn sie die Individualität des Paares berücksichtigen

sche Ratgeber liest, die richtigen Pornos anschaut und zur Not rechtzeitig zum Sexualtherapeuten geht. Alles ist machbar, eine Frage des Know-how.

Wiederum können alle diese Hinweise nützlich sein, solange sie nicht dazu führen, daß die abstrakte und normierte Vorstellung von Sexualität die konkrete Situation eines Paares, seine Fähigkeiten und Grenzen, Erfahrungen und Lebensgeschichte und die Lebenssituation überwältigt und ausgeblendet werden. Sonst wird nämlich in der Regel Resignation und Hilflosigkeit erzeugt.

> So wie die Liebe entsteht auch befriedigende Sexualität und dauerhafte Lust aufeinander nur dadurch, daß die Partner die erotischen Eigenschaften und die Sexualität am Partner und an sich selbst entdecken und im Gefühl der Zusammengehörigkeit entwickeln und gestalten. Auch die Sexualität ist ein Lernprozeß, der in die Tat umsetzen muß, was die rauschhaften Tage und Zustände der ersten Verliebtheit versprochen haben. Enttäuschungen und Kollisionen, Streit und Resignation sind dabei unvermeidbar

VERBORGENER STREIT UM SEXUALITÄT

„Die Begegnung ist der Anfang der Trennung", sagt ein japanisches Sprichwort, und für den Dialog zwischen Gabriele und Thomas stimmt das, zumindest steht die Drohung im Raum, als sie sich in ihrer Enttäuschung für einen Augenblick begegnen, ohne sich dessen bewußt zu werden. Sie tappen in alle Beziehungsfallen, um zu verhindern, daß sie ein wirklich offenes Gespräch beginnen, sich zuhören und zu verstehen versuchen. Gabriele findet, daß Thomas auch ohne Worte begreifen muß, was sie möchte, und Thomas glaubt, daß „man" nicht begründen muß, wenn „man" keine Lust hat. „Man" hilft nun aber nicht viel weiter, denn für Gabriele wäre es in dieser konkreten Situation durchaus hilfreich zu erfahren, in welcher Stimmung Thomas ist und welche Gründe er hat, die vielleicht gar nichts mit ihr zu tun haben. Gabriele ist abgeblitzt und greift nun gleich zu zwei Fallen, der Verallgemeinerung und der Beschuldigung: „'Es' geht nicht nur um heute. 'Es' geht auch nicht bloß um Sex. Mit dir ist irgendwie nicht mehr viel los." Sie sagt nicht, worum es ihr geht, und wirft ihm vor, was mit ihm los ist, nämlich nicht mehr sehr viel.

Der Hieb sitzt, und Gabrieles Enttäuschung über seine Inaktivität kommt an. Die Kriegserklärung wird angenommen: Gegenbeschuldigung, Unterstellung, Beleidigung, Kränkung folgen auf dem Fuße, und die Kollision ist perfekt. Gabriele droht mit Treuebruch und Gehen, und Thomas zeigt auch jetzt die kalte Schulter, geht gefühlsmäßig auf Tauchstation und wird ironisch. Nun kommen die Tränen als letzter Versuch und passend dazu endlich bei Thomas das Schuldgefühl. Die Versöhnung ohne Klärung ist naheliegend und pragmatisch zugleich, denn eigentlich wäre sehr viel zu besprechen und zu klären. Statt dessen tut Thomas jetzt endlich das, was Gabriele bewirken wollte, als sie mit ihm zu flirten begann: Er nimmt sie zärtlich in den Arm, macht ihr ein Kompliment, und sie weiß wieder, daß sie nach wie vor die tollste Frau ist, die er kennt. Über die Realität ihrer Beziehung sagt das natürlich gar nichts aus, und schon am nächsten Morgen wird vielleicht die alte Situation fortgesetzt. Sie werden wieder nicht darüber gesprochen haben, wie es ihnen wirklich miteinander geht und wie sie die Müdigkeit in ihrer Liebe angehen wollen. Irgendwann kommt wieder ein Schreck in der Morgen- oder Abendstunde, dann wird wieder losgepoltert und wieder unter den Teppich gekehrt.

SCHWIERIGKEITEN DES GESPRÄCHS

Dem Zusammenstoß, in dem die Partner mit Trennung oder Treuebruch drohen oder einer wütend den Raum verläßt und zu keinem Eingeständnis zu bewegen ist, liegt die Haltung „alles oder nichts" zugrunde. Zweifel haben die Beziehung umstellt, der graue Alltag hat die Wonneschauer vertrieben, es finden nur noch indirekte Dialoge statt, vieles wird nur angedeutet, jeder wartet darauf, daß der andere er-

Nur selten versteht der andere ohne Worte, was man will

Versöhnung ohne Klärung löst keine Probleme

Vielleicht ist das, was dann kommt, nicht so besonders aufregend...

den Menschen nicht nur *die* Richtige oder *den* Richtigen gibt. Wahrscheinlich gibt es Tausende von Partnern, die für eine sinnerfüllte, glückliche Ehe in Frage kämen, und noch einmal Tausende, die uns sexuell mehr befriedigen könnten als wir es im Augenblick sind.

Die Angst, falsch gewählt zu haben oder sich für den Partner als Fehlentscheidung entpuppt zu haben, ist berechtigt und liegt vor allem dann nahe, wenn die Illusion aufrechterhalten werden soll, die Verliebtheit oder die abwartende Vorsicht des Anfangs habe über das Schicksal der Beziehung schon entschieden oder die Liebe auf den ersten oder zweiten Blick enthalte eine Vorentscheidung über ihre Dauer. In diesem Fall darf nämlich nichts strittig sein, und jede Kontroverse wird zu einer Frage von Sein oder Nichtsein. Genau das aber motiviert und zwingt zum geheimen Punktesammeln und programmiert auf dramatische Kollision. In der Gesprächshaltung „alles oder nichts", „Sein

Jedes Paar entdeckt unweigerlich nach einiger Zeit, daß der Partner nicht der Mann oder die Frau aller Träume ist

kennt, was er tun soll, und beide ahnen letztlich, daß die romantische Phase vorbei ist und die härteste Arbeit an der Beziehung beginnt. In Gesprächen, in denen diese Einsicht ans Licht kommt und jeder weiß, daß beide Partner gefragt und gefordert sind, ziehen die Betroffenen in panischer Angst noch einmal die Notbremse, weil das Gefühl, es könnte schon zu spät sein, die Bedrohung verschärft. „Du bist schuld, daß es mir schlecht geht" ist wie ein Hilfeschrei, mit dem man den eigenen Anteil an der Lage loswerden will. „Ich habe nichts mit unserem Unglück zu tun, denn du hast dich verändert, bist nicht mehr der, den ich einst geliebt habe, und schon lange nicht mehr der Mann oder die Frau meiner Träume." Wie ein großer Scherbenhaufen liegt die Beziehung vor dem beschuldigten Partner.

Jedes Paar entdeckt unweigerlich nach einiger Zeit, daß der Partner nicht der Mann oder die Frau aller Träume ist, und wir ahnen, je älter wir werden, daß es für je-

Vielleicht soll ich ja..., vielleicht sollt´ ich einfach mal losziehen, vielleicht sollt´ ich mal meine Erfahrungen machen. Bin gespannt, was die Männer mir so sagen...

oder Nichtsein" können Austausch und Klärung nicht stattfinden, denn man wandert durch ein Minenfeld, und die Explosionsgefahr ist groß. Beide Partner schalten auf stur und sammeln Beschwerden und Aggressionsvorrat, bis das Faß überläuft. Es ist erstaunlich, zu welchen Wutausbrüchen und Haßtiraden sich unglückliche Partner steigern können, und manche dieser Kollisionen enden dann auch mit Mord und Totschlag.

sind Regeln, die uns helfen, miteinander zu reden, zu streiten und zu einer gemeinsamen Einschätzung oder Lösung zu kommen. Mißlingt das in einem Anlauf, müssen wir es eben beim nächsten wieder versuchen. Versöhnung ohne Klärung ist jedenfalls eine Form, die die Beschwerden unter den Teppich kehrt, sie nicht löst.

Die Kommunikationsregeln, die in diesem Buch dargestellt sind, bilden eine Art Rahmen, für den

In der Gesprächshaltung „alles oder nichts", „Sein oder Nichtsein" können Austausch und Klärung nicht stattfinden

GESPRÄCHSMÖGLICHKEITEN

Es gibt kein Thema, über das nicht gesprochen, und kein Problem, das nicht gelöst werden kann, so ausweglos es manchmal auch scheinen mag. Wie die Partner sprechen müssen und welche Lösung im einzelnen angemessen ist, kann hier nicht allgemein gesagt werden. Über „alles oder nichts" aber kann man nicht streiten, weil das Ergebnis schon feststeht. Was wir lernen können,

Sie das Bild Ihrer Beziehung erst malen müssen. Sie werden dabei selbst zu Forschern, die herausfinden werden, wann, wo und wie Sie ein Gespräch beginnen und einen Streit vom Zaune brechen, aber auch, wann, wo und wie Sie ein Gespräch abbrechen oder unterbrechen müssen, weil Sie die Grenzen des Möglichen beim Partner erkennen. Sie lernen auch, bei welchem Stichwort Sie oder Ihr Partner auf die Palme gehen, und vielleicht erkennen Sie auch, warum. Durch übende Gespräche finden Sie

ganz alleine läuft, ohne daß wir selbst aktiv werden und nachdenken. Lesen allein reicht nicht, Üben ist angesagt! Wer den Mund hält, sich in die eigenen Angelegenheiten und in die seiner Beziehung nicht mehr hoffend einmischt, sondern schluckt und schweigt oder in die nächste Beziehung flieht, statt die Pro-

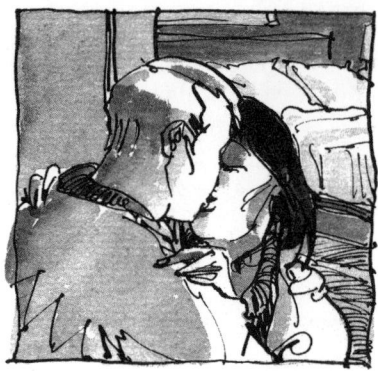

bleme der alten zuvor zu lösen, hat schon heute seine Zukunft verloren. Das gilt für die privaten und die gesellschaftlichen Verhältnisse. So angstbesetzt es sein kann, etwas auszusprechen und beim Namen zu nennen – Unausgesprochenes und Unterdrücktes gefährden die Beziehung und die Menschen in ihr um vieles mehr. Sie machen krank. Dazu unser Schlußkapitel.

Lesen allein reicht nicht, Üben ist angesagt

heraus, wieviel Distanz Sie bei heiklen Gesprächen brauchen, um doch noch Nähe zu Ihrem Partner zu ermöglichen, und wann Sie die Notbremse ziehen und mit dem Abbruch der Beziehung oder der Verhandlung drohen. Nicht zuletzt werden Sie erfahren, wie anders eine Lösung aussehen kann, wenn man nur ein Stück bzw. nur ein Argument von seiner Position abrückt.

Wir wissen nicht, ob die Übungen und Hintergrundanalysen in diesem Buch Ihnen helfen können oder Sie auf neue Gedanken gebracht haben. Niemand von uns kann sich aber heute noch darauf verlassen, daß alles von

WENN BEZIEHUNGEN KRANK MACHEN

Auf Einengungen und Schwierigkeiten in Beziehungen und die Unfähigkeiten vieler Partner, darüber zu sprechen und nach einer Lösung zu suchen, antwortet der Körper mit Symptomen und Auffälligkeiten. Wenn Seele und Körper streiken, ist ein Mensch in Not, und wir erfahren etwas über den Zustand seines Lebens. Nicht ein Organ ist krank, der ganze Mensch ist krank

Zur Psychosomatik des Alltagslebens

Der Körper drückt aus, was die Seele zu verschweigen gelernt hat. Die Geschichte des kranken Menschen erzählt etwas anderes als mancher Krankheitsbefund. Weil Gesundheit wie Liebe und Beziehung ein Weg ist, den wir gehen müssen, um zu erfahren, was Gesundheit oder Partnerschaft wirklich für uns sind, müssen wir lernen, uns daran zu erinnern und zu erkunden, was uns krank gemacht hat

Beziehung und Partnerschaft entstehen dort, wo sie die Möglichkeit zur Entwicklung erhalten. Partnerschaft braucht Zeit, Lebenszeit – und dies nicht nur von einem, sondern von beiden Partnern.

Partnerschaft braucht Zeit – Lebenszeit

Was die Beziehung vor allem braucht, ist eine Zeit, in der es um sie selbst geht, gewissermaßen eine „freie Zeit", die nicht schon durch Probleme mit der Arbeit, den Kindern, der Organisation des Alltags besetzt und verplant ist. Nur in einer solchen freien, also auch offenen Zeit kann es gelingen, sich zumindest gesprächsweise aufeinander einzustellen. Offenheit in diesem Sinne meint auch, daß es keinen Erfolgsdruck geben darf. Der mit der Kurzformel „Zeit ist Geld" ausgedrückte Anspruch auf schnelle Erledigung ist nicht nur eine einseitige Reduzierung des Lebens, sondern auch der Tod jeder tieferen Begegnung. Die Sätze „Ich habe keine Zeit", „Ich habe erst im Urlaub Zeit", „Mir rinnt die Zeit durch die Hände", „Für solche Gespräche ist meine Zeit zu kostbar", „Fasse dich kurz, und halte mich nicht auf" sind deutliche Beispiele dafür, wie wir das Leben zeitlich einkreisen, auf seine effektive Seite, meistens also auf die Arbeit reduzieren und uns selbst dabei in den Schwitzkasten nehmen. Unter solchen Diktaten wird Partnerschaft zu einem Luxus, den man sich nur ab und zu leisten kann.

Gesundheit und Krankheit beschreiben Leben

Gesundheit und Krankheit sind ein Ausdruck für Übergänge, Umbruchsituationen und vor allem Erlebnisqualitäten im Leben und in den Beziehungen eines Menschen. Gesundheit und Krankheit sind die Darstellung von Lebensbewegungen und beschreiben über unser „Wohl-Befinden" wie über unsere „Miß-Empfindungen" und unser „Unwohl-Sein" den Zustand unseres Lebens und der Beziehungen, in denen wir leben. Dazu ein Beispiel:

■ Beispiel 1

„Der 59jährige Hotelbesitzer (ehemals Bäcker und Metzger) erlitt den Herzinfarkt am ersten freien Tag seines Lebens. Bis dahin hatte er sich niemals eine Ruhepause gegönnt, sondern all seine Kräfte für die existentielle Sicherung eingesetzt. Auch seine Frau und den 17jährigen Sohn zwang er, sich ausschließlich der Arbeit im Hotel zu widmen ... Am ersten Urlaubstag seines Lebens war er zusammen mit anderen Hotelbesitzern weggefahren, hatte einen lustigen Tag verbracht und abends getanzt." (Moersch)

Vielleicht versprichst du ja mehr als du dann hältst...

■ Deutung

In diesem Infarkt „verschließt" sich ein in Not geratenes Herz. Es hat seine eigene Zeit verloren, macht dicht, gerät an die Grenze des Lebens. Die Zeit des Sprechens ist erst einmal vorüber, das Herz handelt. Der Körper leistet Widerstand und zeigt im Zusammenbruch auf die Wunde, aus der die Gesundheit eines Menschen blutet. Wo die Zeit so ausschließlich der Arbeit gehört, bleibt keine Zeit mehr für die Liebe. Die Partnerschaft wurde auf ein Arbeitsverhältnis reduziert. Seelische Belange, Wünsche und Träume, können ein solches Zweckbündnis nur stören.

Welche Existenz sichern wir wirklich, wenn wir uns so unter das Diktat der Existenzsicherung stellen? Natürlich müssen wir unsere ökonomische Existenz sichern. Aber wie tun wir das, was sind unsere Leitsätze, und welche anderen Teile unseres Lebens setzen wir dabei aufs Spiel, weil wir das Maß verlieren? Terminkalender rastern die Zeit, schon im frühen Kindesalter. Im Rhythmus von Signalen, Pfiffen, Stunden- und Fahrplänen versuchen wir das pünktliche, arbeitsame, effektive Leben eines „normalen" Menschen zu leben, wie unsere Kultur das, was wir da krankmachend tun, nennt. Wer wichtig ist, hat einen Terminkalender und demonstriert ständigen Terminmangel.

Wer sich ständig erfolgsgetrieben, ehrgeizig und konkurrenzbereit selbst zur Leistung und Erfolg antreibt, leugnet im pausenlosen Einsatz für die Familie, daß es sie wirklich gibt. Die Beziehung zum Partner, zu den Kindern, zur Familie und Freunden leidet. Sie blutet aus Zeitmangel aus. Aber auch wer aus seiner Familie zur Arbeit wegläuft, erzeugt Leiden, weil er dem Partner keine Möglichkeit zur Reaktion gibt. In beiden Fällen kommt es oft nicht ganz un-

Wo die Zeit ausschließlich der Arbeit gehört, bleibt keine Zeit mehr für die Liebe

berechtigt zu dem grundsätzlichen Vorwurf: „Du hast ja nie Zeit!" und zum indirekten Eingeständnis des Schuldgefühls: „'Man' müßte sich wirklich einmal Zeit nehmen." Die Jäger sind in Wirklichkeit die Gejagten, die immer einsamer werden und in deren seelischem Schweigen jede wirkliche Partnerschaft verstummt. Davon erzählt das nächste Beispiel.

Wenn Beziehungen festgefahren sind, dann machen sie oft krank

■ Beispiel 2

„Ein 50jähriger Oberförster aus Ostpommern, der nach Verlust seiner ganzen Habe mühsam im Westen wieder Fuß gefaßt hatte und seit 17 Jahren mit großem Pflichtbewußtsein einen herzoglichen Privatforst verwaltet (seine Maxime 'immer etwas mehr tun als andere und als verlangt wird'), teilte mit, was seine Frau dazu sagte: 'Erst kommt dein Wald. Dann kommt noch mal dein Wald. Dann kommt dein Hund. Dann kommt eine lange Pappelallee. Und dann komme vielleicht ich.' Dieser Oberförster hatte einmal folgenden Traum: 'Ich bin ein Langholzwagen, der mit beiden Seiten im Dreck steht.' (Huebschmann)

■ Deutung

Nicht nur das Herz des Patienten ist in Not, auch das Herz seiner Frau. Aus welchen Gründen auch immer, das Gespräch ist verstummt. Nur der Hund hat noch Zugang zu dem Menschen, der wenigstens im Traum noch fühlen kann, daß er mit beiden Seiten im Beziehungsdreck steht.

> **Die durch eine Liebe entstandene Beziehung ist nicht einfach da, sie wächst, muß ernährt und gepflegt werden, braucht Aufmerksamkeit. Das gilt auch für die Gesundheit, die nicht *ist*, sondern *wird*, mit der das Wohlbefinden kommt und geht**

So wie wir in der Gesundheit den Prozeß des Werdens und die Notwendigkeit der Gestaltung beobachten, so können wir auch in einer Partnerschaft erkennen, ob die Partner ihre Beziehung entwickeln oder diese auf einem „Status quo" mehr oder weniger erträglich einfrieren. Wenn Beziehungen krank machen, dann sind sie festgefahren. Aus Freiheit ist Unfreiheit geworden, aus gemeinsamen Perspektiven gegenseitige Kontrolle, aus gegenseitiger Unterstützung subtile Behinderung. Statt „freie Fahrt voraus": „keiner verläßt das sinkende Schiff".

WIE DER KÖRPER MIT DER SEELE SPRICHT

Die Liebe kann nicht alles schlucken, was ihr zugemutet wird, und ihre existentielle Krise drückt sich nicht irgendwie, sondern „symptomatisch" aus. Die Seele spricht mit dem Körper und der Körper mit der Seele. Fehlt in einer Beziehung den Partnern die gemeinsame Sprache und kommt der eine nie zu Wort, so bleibt diesem die Sprache vielleicht eines Tages weg. Aus dem offenen Dialog, der auch die Gestaltungsform der Gesundheit ist, wird das Schweigen der Krankheit mit entsprechenden Symptomen.

Das Beispiel einer Patientin mit einer schweren Sprech- und Schluckstörung, die künstlerisch sehr begabt war und sich mittels nichtverbaler, körperlicher Sprache ausdrückte, soll nun erläutern, wie sich dieser Ersatzdialog abspielt.

▪ Beispiel 3

Die Frau hatte einen Mann geheiratet, der sich im Gegensatz zu ihr sprechend, lesend und still dasitzend am wohlsten fühlte, der aber auch gern diskutierte und sich wortgewandt in einer politischen Gruppe engagierte. Der notwendige Dialog zwischen diesen beiden Menschen war im Laufe der Jahre verstummt. Statt also miteinander zu sprechen, schwiegen sie eher miteinander

und verschanzten sich hinter einer Mauer von Vorwürfen und Mißverständnissen. Wie präzise der Körper die leidende Liebe sprechen läßt, veranschaulicht eine Behandlungsszene. An ihrem zweiten Hochzeitstag, den die Patientin abends mit ihrem Mann feiern wollte, kam es zu einer akuten Verschlechterung

ihrer Sprech- und Schluckstörungen, so daß sie in der Therapiestunde überhaupt nicht mehr sprechen konnte und alles aufschreiben mußte. Die Ärztin versuchte die Sprechstörung zu übersetzen und sagte zu der Patientin: „Ich habe den Eindruck, daß Sie alle Fragen an Ihren Mann gewaltsam versuchen herunterzuschlucken, um ungestört feiern zu können. Jetzt stecken Sie Ihnen im Hals und verschlagen Ihnen die Sprache." Die Frau verstand die Mitteilung aus ihrem eigenen Leib, konnte sich den offensichtlichen Problemen ihrer Heirat stellen und entschloß sich während der Therapiestunde erst einmal, nicht mit ihrem Mann zu feiern. Wenige Minuten später verlor sich ihre Sprechstörung fast gänzlich. Aus dem

Die Seele spricht mit dem Körper und der Körper mit der Seele

stillen, aber immerhin eröffneten Dialog mit ihrem Mann resultierte eine direkte Entlastung. Sie konnte sich selbst helfen, weil die Ärztin sie auf die richtige Fährte gelockt hatte. (Kütemeyer, in: Uexküll)

■ Deutung

Symptome brechen das Schweigen. Sie sind Signale, mit denen das Leben um Hilfe ruft. Sie enthalten die dringliche Aufforderung, darüber nachzudenken, in welchem Zustand unser Leben und unsere Beziehungen sich wirklich befinden. In diesem Sinne ist jede Krankheit eine Art Befindlichkeitsstörung, die uns in eine Suchbewegung nach den Hintergründen für diese Störung drängt. Manchmal weichen wir in eine körperliche Ohnmacht aus, wenn wir die Ohnmacht in einer Beziehung nicht mehr aushalten können. Nicht immer geht es dabei um die Partnerschaft in einer Liebesbeziehung. Es kann sich auch um die Sprachlosigkeit in der Beziehung zu unseren Eltern, zu unseren Kindern, zu unseren Nachbarn, Freunden oder Arbeitskollegen handeln. Davon berichtet der folgende Fall.

■ Beispiel 4

„Eine 37jährige Lehrerin hatte in einem Flugblatt Kritik an ihrer Dienststelle geübt. Von ihrem Vorgesetzten zur Rede gestellt, widerrief sie ihre kritischen Äußerungen. Als sie sich jedoch kurz darauf in einer Versammlung erneut protestierend zu Wort meldete, wurde sie im Kreis ihrer Kollegen ohnmächtig." (Kütemeyer)

■ Deutung

Die Wahrheit drängt die Lehrerin ins Wort, aber die Angst vor der nächsten Rüge durch ihren Vorgesetzten zieht ihr die Beine weg und zwingt sie zum Schweigen. Über die Ohnmacht ergreift der Körper das Wort, um mitzuteilen, was der Ohnmächtige eigentlich aussprechen wollte. Probeweise übernimmt die Krankheit das Gespräch, das in der Beziehung nicht stattfindet, so wie die laute Stimme die Überzeugungskraft ersetzen soll, wenn die Argumente nicht mehr reichen, oder jemand die Fäuste ballt, wenn die Schlagkraft seiner Worte keine Wirkung zeigt. Mit welcher symptomatischen Gewalt der Körper das Schweigen bricht, das in einer Beziehung jede Ehrlichkeit zueinander löschen kann, erzählt das folgende Beispiel.

■ Beispiel 5

„Eine 64jährige Polizistenwitwe litt seit der Beerdigung ihres Mannes unter einem anhaltenden Blinzeltic, bei dem sie abwechselnd die Augen zukniff und weit aufriß. Dieser Tic, der mit Naserümpfen und Grimassieren verbunden war, hatte akut begonnen, als die Polizeikollegen am Grabe sangen 'Ich hatt' einen Kameraden, einen besser'n find'st du nit'. – Der Mann war ein unnachsichtiger Haustyrann gewesen, vor dem die Patientin auch die kleinsten Streiche der Kinder hatte verbergen müssen. Sie hatte bei der Beerdigung weder weinen noch ihrem Impuls folgen können, das Lied zu unterbrechen." (Kütemeyer)

■ Deutung

Aggression und Trauer zugleich begleiten diese Beerdigung und konkurrieren im Gefühlsleben der Frau miteinander.

Um das Gesicht vor den anderen Trauergästen nicht zu verlieren, muß die Wut über das Ungesagte in dieser durch den Tod beendeten Beziehung unterdrückt werden. Statt dessen ergreift der Körper wieder das Wort, die Gesichtsmuskulatur entgleist und übernimmt die Trauer- und Drohgebärde. Die Ursache des Tics ist hiermit weder schulmedizinisch noch psychosomatisch zureichend erklärt.

Unübersehbar aber ist an diesen Beispielen der Beginn von Symptomen in biographischen Krisen und ihre Abhängigkeit von den Lebens- und Beziehungssituationen, in denen Menschen in dem Zeitraum stecken.

DER KÖRPER ALS HANDSCHUH DER SEELE

„Der Körper ist der Handschuh der Seele", so beschreibt der bekannte Pantomime Sammy Molcho den Zusammenhang von Körperausdruck und innerem Gefühl. Dabei spiegelt der Körper nicht nur wider, was man aktuell empfindet. Gleichzeitig drückt er seine Empfindungen auch so aus, wie er es seit der Kindheit gelernt hat. Je unbefangener und naiver wir als Kinder sind, desto unbefangener sind auch der körperliche Ausdruck und unsere Offenheit in einem Gespräch. Je älter wir werden, desto mißtrauischer und indirekter wird sowohl die Körpersprache als auch unsere Sprache in der Beziehung. Während das Kind einen befreienden Tobsuchtsanfall hat, darf es sich beim Erwachsenen nicht unbefangen zeigen; er reagiert mit eiserner Miene. Wir haben gelernt, uns zu beherrschen. Auch das ist eine Art des Schweigens in Beziehungen.

Der Lernprozeß aus Erkenntnis, Gefühl und Verhalten wird also im Körperausdruck sichtbar, mit dem wir eine Gesprächssituation nachhaltig beeinflussen. Jeder Mensch lernt, mit seinem Körper zu sprechen, entwickelt im Laufe der Zeit seine höchst eigene Körpersprache. Jemand, der vor Wut rot anläuft, drückt seine Empfindung sichtbar aus. Ein anderer, der in der Wut seinen Blutdruck

Je älter wir werden, desto indirekter wird sowohl die Körpersprache als auch unsere Sprache in der Beziehung

überhöht und seine Rückenmuskulatur anspannt, drückt seine Empfindungen unsichtbar aus. Erst das Blutdruckgerät gibt Auskunft. Die Sprache des Körpers wird unbewußt gelernt. In den meisten Alltagssituationen reagieren wir körperlich spontan, ohne überhaupt darüber nachdenken zu können, welche Handbewegung wir wählen, welchen Gesichtsausdruck wir aufsetzen oder welches innere Organ wir einsetzen sollten, um unsere Absichten zu erreichen oder unsere Verletzungen, Niederlagen und

Die Sprache des Körpers wird unbewußt gelernt

Oh, Scheiße!

Enttäuschungen zu verarbeiten. So flieht die Angst – wie wir aus der klinischen Arbeit der psychosomatischen Medizin wissen – in die Schlafstörung, in den Herzschmerz, in die Luftnot oder in die Schmerzen im Rücken, Nacken, Kopf, in den Gelenken. Sie kann sich in einem Bluthochdruck ebenso manifestieren wie in Sehstörungen oder nächtlichen Eßanfällen.

In unserer Alltagssprache erfahren wir viel über den Zusammenhang, der die alltäglichen Lebenssituationen und Beziehungen mit dem Körper verbindet. Keine Körperregion und kein Organ ist davon ausgenommen. Beziehungen können krank machen, weil Menschen ein Brett vor dem *Kopf* haben, sich ständig den *Kopf* über den Partner zerbrechen oder mit dem *Kopf* durch die Wand wollen. In anderen Beziehungen haben die Partner zu viel am *Hals,* um miteinander ins Gespräch kommen zu können, sie sind *hals*starrig, hart*näckig;* das kann dann auch den *Hals* kosten. Wir sind von *Blind*heit geschlagen, haben manchmal die *Nase* voll, und die Schwiegereltern kann man ohnehin nicht *riechen.* Auch die Kinder gehen uns manchmal nur noch auf die *Nerven.* Wir zeigen die *Zähne* und nehmen den *Mund* zu voll. Manchmal schlägt uns die Beziehung auf den *Magen,* wir können etwas nur schwer *verdauen,* ärgern uns ein Loch in den *Bauch,* können Gift und *Galle* spucken, und was uns nicht im *Halse* stecken bleibt, das *fressen* wir in uns hinein. Die, die wir lieben, haben wir auf *Herz* und *Nieren* geprüft, unser *Herz* hüpft, wenn wir sie sehen, wir haben kein *Herz* aus Stein, sondern das *Herz* auf dem rechten Fleck. Mit dem *Atem* agieren wir in Konflikten: Da bleibt uns schon mal die *Luft* weg, und wir halten sie an. Im nächsten Augenblick lassen wir *Luft* ab, holen tief *Luft* oder *pusten* dem anderen was. Nach einem guten Gespräch sind wir auf*gekratzt,* manches geht uns unter die *Haut* und anderes läßt uns *kalt.*

GESUNDHEIT ALS WEG – KRANKHEIT ALS KRITIK

Wie wir uns dem Leben und unseren Beziehungen stellen und mit ihnen konfrontiert werden, hat wesentlichen Einfluß auf Gesundheit und Krankheit. Sie sind kritisch auf unser Verhalten gerichtet, das die Liebe zu einem Partner leben läßt und fördert oder aber sie behindert, gefährdet und zerstört. Viele Krankheiten antworten auf die Einengung der Lebensinteressen vor allem dann, wenn die Beziehungen zum Erliegen kommen und das ersehnte Glück in der Partnerschaft gefährdet ist.

Eine gesunde Beziehung entsteht nicht, wenn wir dem Risiko der Begegnung ausweichen, sondern wenn wir uns bewußt und spontan im Kontakt mit unseren Gefühlen der Anstrengung und Herausforderung eines lebenslangen Dialogs stellen. In diesem Sinne ist Gesundheit durchaus auch ein Prozeß kritischer Anpassung an das, was uns durch Lebens- und Arbeitsbedingungen sowie durch die Beziehungen, die wir eingegangen sind, aufgegeben ist. Gesundheit und Beziehungsfähigkeit sind an die Aufnahmebereitschaft und an die Fähigkeit gebunden, sich auf ein wechselndes Milieu einzustellen und sich in Lust und Schmerz gleichermaßen lebendig zu fühlen. Gesund ist nicht, wer die Realität nur erfolgreich übersteht, sondern wer auch in der Lage ist, diesen Erfolg zu genießen und ihn mit anderen zu teilen. Dies gilt vor allem für die Realität einer Partnerschaft. Ort und Zeit der alltäglichen Gesundheit und einer guten Partnerschaft sind deshalb unsere Lebensorte und Lebenszeiten, die Plätze unserer Arbeit und die Orte unserer Erholung, die Plätze, an denen wir lernen, und die Städte, Dörfer, Nachbarschaften, in denen wir leben, die Familien, in denen wir aufgewachsen sind, und die Beziehungen, die wir gründen und die wir eingehen.

Gesundheit ist – wie das Leben selbst – ein Weg, und die Krankheiten und Beschwerden der Menschen erzählen von den Kränkungen und dem, was den Weg so beschwerlich gemacht hat. Gesundheit und Liebe an sich gibt es nicht. „Eine Gesundheit an sich gibt es nicht, und alle Versuche, ein Ding derart zu definieren, sind kläglich mißraten. Es kommt auf dein Ziel, deinen Horizont, deine Kräfte, deine Antriebe, deine Irrtümer und namentlich auf die Ideale und Phantasmen deiner Seele an, um selbst zu bestimmen, was selbst für deinen Leib Gesundheit zu bedeuten habe. Somit gibt es unzählige Gesundheiten des Leibes." (Nietzsche)

Auch in der Liebe und in der Beziehung kommt es auf die Ziele, Horizonte, Kräfte, Irrtümer und ganz besonders auf die Phantasie und die Kreativität an.

Gesundheit ist auch ein Prozeß kritischer Anpassung an das, was uns aufgegeben ist

Gesundheit ist – wie das Leben selbst – ein Weg

KRANKHEITEN ALS ERZÄHLUNGEN AUS 1001 NACHT

Nicht nur Paare, auch die Medizin muß sprechen und zuhören lernen. Alle Beziehungen leiden, wenn der Dialog fehlt: die Beziehung zwischen Eltern und Kindern, Lehrern und Schülern, Ärzten und Patienten, Politikern und Bürgern. Krankheiten sind Erzählungen aus 1001 Nacht, aus Tagen, manchmal Jahren, in denen Menschen nicht aussprechen konnten, was sie bewegt, ihnen Kummer und Sorge bereitet, sie in Angst versetzt hat.

Krankheiten erzählen (auch) von den Problemen der Vergangenheit

▨ Beispiel 6

„Eine ältere Frau mit Herzinsuffizienz, Ödemen, Wasser im ganzen Körper, kein Medikament der großartigen Medizin hilft. Ein einziges abendliches Visitengespräch, sie schüttet ihr Herz aus, weint viel – die Ärztin tut nichts außer zuhören – am nächsten Morgen hat sie vier Liter Wasser ausgeschieden."
(Kütemeyer)

▨ Deutung

Die Herzinsuffizienz macht klar, was das Herz dieser Frau geschwächt hat: zurückgehaltene Gefühle und Worte, schmerzhafte Erlebnisse, versteckte Tränen und Trauer darüber, daß ihr wahrscheinlich sehr lange niemand mehr zugehört hat, niemand mit ihr wirklich gespro-

chen hat. Wenn dieser Stau der zurückgehaltenen und verstummten Gefühle gelöst wird, wenn sich das Herz im wahrsten Sinne des Wortes ausschüttet, dann kann sich auch das zurückgehaltene Wasser aus dem Körper lösen. Der seelischen Gesprächsbereitschaft folgt eine körperliche.

Was so einfach klingt, ist tatsächlich sehr einfach, und jeder von uns kennt vielleicht die Erfahrung, wie ein erlösendes Wort und Gespräch eine Zentnerlast von den Schultern nehmen kann. Gleichzeitig aber ist dieser Dialog zwischen Körper, Geist und Seele – wissenschaftlich gesehen – nicht nur sehr kompliziert, sondern für den Außenstehenden – auch den Arzt und Psychotherapeuten – oft sehr schwer zu entziffern, denn jeder Mensch spricht dabei seine ganz besondere Sprache, spricht auch mit sich selbst und mit seiner Lebensgeschichte. Damit die Sprache des Körpers oder der Krankheit gehört und dabei auch verstanden und entziffert werden kann, was als Ausdruck der Seele hinter den körperlichen Symptomen und mit ihnen zum Vorschein kommen will, bedarf es wie in einer liebenden Beziehung eines Gegenübers, das zuhören will, das beobachten, wahrnehmen und übersetzen kann, worum es geht. Die Wahrnehmung der sichtbaren wie der unsichtbaren Dinge und Zusammenhänge ist Voraussetzung dafür, daß im Gespräch und Austausch mit dem betroffenen Menschen eine Erinnerungsarbeit entstehen kann. Wir müssen nach innen schauen, um das, was sich außen zeigt, zu verstehen. Was hat ein Mensch, der unter ungeheuren körperlichen Schmerzen leidet, ohne daß eine organische Ursache gefunden wird, zu „verschmerzen"? Oft rast, tobt, sticht und verfolgt ein Schmerz den Menschen wie ein wütendes Gegenüber, das keine andere Gelegenheit zur Aussprache bekommen hat und sich auf diese Weise wie ein ungebetener Gast einmischt. Auch in einer Beziehung, die das klärende Gespräch verloren hat, fängt oft einer der Partner plötzlich an zu rasen, zu toben, zu sticheln, den anderen mit Vorwürfen zu verfolgen.

Anamnese, das griechische Wort für Erinnerung, ist der Begriff für die ärztliche Bestandsaufnahme und die Einschätzung dessen, was mit dem Patienten los ist, wo und wie er sich „befindet". Nur wenn der Arzt im Gespräch mit dem leidenden Menschen die Geschichte des Erkrankens durchsichtig machen kann, der Störung der Befindlichkeit im wahrsten Sinne des Wortes nachgeht und sie mit dem Befund auch findet, werden nicht nur das Vergangene und die Entstehung der Krankheit sichtbar, sondern auch die Gegenwart und die Zukunft, auf die hin sich die Genesung zubewegt. Erst wenn die Hintergründe aufgedeckt werden, zeigen sich das Entstehen der Dialogunfähigkeit und

der Grund für die Sprachlosigkeit. Nur so lernen wir begreifen, was das Herz schwermacht, an die Nieren geht, auf den Magen drückt, Kopfschmerzen bereitet. Das Gespräch über das, was sich nicht gestalten konnte, was fest-

> **Gespräche sind mehr als Gedankenaustausch. Indem sie die Menschen aus ihrem Schweigen herausholen, sich an das Unterdrückte heranwagen, das den Menschen nicht Bewußte ans Tageslicht bringen, erinnern sie nicht nur an das Erlittene, sondern schaffen eine Grundlage für die Heilung und Genesung**

gefahren ist, was sich als Lebens- und Beziehungsproblem manifestiert hat, ist eine Arbeit mit dieser Erinnerung. Als mitgeteilte und geteilte Erfahrung kann die Erinnerung Erlösung und Befreiung nach sich ziehen. „Meine Nieren freuen sich, wenn deine Lippen reden, was recht ist." (Sprüche 16, 23)

Erst wenn die Hintergründe aufgedeckt werden, zeigt sich das Entstehen der Dialogunfähigkeit

WIE BEZIEHUNGEN GESUNDEN

Was lernen wir aus der Erfahrung, daß Beziehungen uns krank machen können? Wenn Seele und Körper streiken, wenn in unserer Beziehung nichts mehr läuft, wenn wir uns nur noch anfeinden, sollten wir uns auf die Suche begeben. Ist unser Befinden gestört, dann befinden wir uns nicht mehr in der Balance – körperlich nicht, und auch seelisch, geistig und sozial nicht. Unsere Lebens- und Beziehungsordnung ist in Gefahr, und wir müssen den Grund für die Störung suchen, um sie verstehen zu lernen und mit ihr umgehen zu können. Vielleicht müssen wir einfach aufräumen, so wie wir unsere Wohnung von Zeit zu Zeit aufräumen. Der Körper ist eine Art Wohnung für unsere Seele und unseren Geist – und viele Menschen lassen ihre innere Behausung wirklich verkommen. Gefühle und Gedanken, die längst zur Kenntnis genommen werden wollten, vielleicht vom Keller, wo wir sie im Dunkeln eingelagert haben, in den ersten Stock ziehen wollen, warten auf den Umzug. Keine Zeit, zuviel Angst, kein Interesse steht an den Klingeln vieler Wohnungen, in denen das Unerwünschte, das Nicht-Gesagte um Einlaß bittet.

Du könntest ja auch mal was anderes spannend finden als immer nur Bücher...

Wichtig: Verdrängtes „aus dem Keller zu holen"

Was wir nicht ansprechen, sondern verdrängen, scheint sich nach Ansicht mancher Menschen von selbst zu erledigen, es kann ihrer Meinung nach nicht wirksam werden. Diese Hoffnung aber ist trügerisch. Das Abtauchen in den Untergrund des Unbewußten ist genau der Grund, weshalb sich alte ungelöste seelische und soziale Konflikte in Beziehungen nicht nur immer wiederholen, sondern sich manifest auf Leib und Seele auswirken, also krankmachen können. Aber auch umgekehrt gilt: Die bewußte und gefühlsmäßige Auseinandersetzung mit Konflikten und die geduldige Suche nach Lösungen tragen sehr viel zu unserem Wohlbefinden bei und machen unsere tägliche Gesundheit und Beziehungsfähigkeit überhaupt erst möglich.

Der aufrechte Gang des Menschen ist eine lebenslange Übung in allen Dimensionen seiner Existenz: Die aufrechte Haltung bedarf der aufrechten Seele ebenso wie der aufrichtigen Gedanken und vor allem einer Gesellschaft, die den Menschen nicht beugt oder seinen aufrechten Gang bricht. Auch die gesprächsbereite Beziehung als Ort für eine sich gestaltende Liebe bedarf des aufrechten Ganges mitten durch die Widersprüche, die Konflikte und die Verzweiflung, die eine gute Paarbeziehung immer auch begleiten.

ANHANG

LITERATUR- UND VIDEOHINWEISE

Buber, Martin: Das dialogische Prinzip, Heidelberg 1979

Engel, Joachim / Thurmaier, Franz: Wie redest Du mit mir? Fehler und Möglichkeiten der Paarkommunikation, Freiburg/Basel/Wien 1992

Gruen, Arno: Der Verrat am Selbst. Die Angst vor Autonomie bei Mann und Frau, München 1992

Haak, Klaus: Tele-Partnermassage (Video, 60 Minuten), Niedernhausen 1994

Haak, Klaus: Fußreflexzonenmassage (Video, 60 Minuten), Niedernhausen 1994

Haak, Klaus: Autogenes Training leichtgemacht (Video, 2 x 60 Minuten), Niedernhausen 1994

Huebschmann, Heinrich: Krankheit – ein Körperstreik, Freiburg 1974

Keil, Annelie: Gezeiten. Leben zwischen Gesundheit und Krankheit, Kassel 1993 (3. Auflage)

Kütemeyer, Mechthilde/Masuhr, Karl F.: Psychosomatische Aspekte in der Neurologie, Wien 1981

Lazarus, Arnold: Fallstricke der Liebe, Stuttgart 1992

Moeller, Michael Lukas: Die Liebe ist das Kind der Freiheit, Reinbek 1986

Moeller, Michael Lukas: Die Wahrheit beginnt zu zweit. Das Paar im Gespräch, Reinbek 1988

Moersch, Emma u.a.: Zur Psychopathologie von Herzinfarktpatienten, Psyche 6 (1980), Seite 493–587

Reich, Wilhelm: Charakteranalyse, Köln 1971

Richter, Horst-Eberhard: Umgang mit Angst, Hamburg 1992

„test". Zeitschrift der Stiftung Warentest, Berlin 1993, Heft 8 (Partnerschaftsbücher-Empfehlungen), Seite 85–89

Thun v. Uexküll: Integrierte psychosomatische Medizin, Stuttgart 1981

ADRESSEN

Unter dem Kürzel EPL (ein partnerschaftliches Lernprogramm) laufen seit einigen Jahren sehr empfehlenswerte *Ehevorbereitungskurse* vor allem in kirchlichen Institutionen. *Partnerschaft leben lernen* stützt sich auf diese Kursprogramme, die nicht auf die Wertvorstellungen von Paaren heute einwirken, sondern ein partnerschaftliches Gesprächsverhalten mit Hilfe von psychologisch begründeten Sprecher- und Zuhörerregeln trainieren.

Im folgenden haben wir für Sie eine Adressenliste von einigen EPL-Ansprechpartnern zusammengestellt. Von den bisher etwa 400 ausgebildeten Trainerinnen und Trainern werden EPL-Kurse an vielen, auch wechselnden Orten durchgeführt. Die folgende Liste erhebt deshalb keinen Anspruch auf Vollständigkeit.

Arbeitsgemeinschaft für Katholische Familienbildung (AKF), Hubert Heeg, Adenauerallee 134, 53113 Bonn (diözesenübergreifende Informationen)
Referat Familienarbeit, Conrad Siegers, Klosterplatz 7, 52062 Aachen
Ehe- und Familienseelsorge, Bernhard Ott, Kappelberg 1, 86150 Augsburg
Diözesan-Erwachsenenbildungswerk, Roland Baierl, Jakobsplatz 9, 96049 Bamberg
Referat Ehe und Familie, Ute Eberl, Wundtstr. 40–59, 14057 Berlin
Referat Ehe und Familie, Franz Hausmann, Luitpoldstr. 2, 85072 Eichstätt
Erzbischöfliches Seelsorgeamt, Abteilung Familienseelsorge und -arbeit, Rudolf Mazzola, Okenstr. 15, 79108 Freiburg
Projekt: Junge Paare in Großstadt und Kirche, Jochen Piontek, Goethestr. 33, 30169 Hannover (Diözese Hildesheim)
Referat Ehe und Familie, Rupert Butterbrodt, Domhof 18–21, 31134 Hildesheim
Referat Ehe und Familie, Hans-Jakob Weinz, Marzellenstr. 32, 50668 Köln
Referat Ehe und Familie, Michael Cleven, Roßmarkt 12, 65549 Limburg
Bildungswerk der Diözese Mainz, Inge Rupprecht, Erbacher Hof, Grebenstr., 55116 Mainz

Seelsorgereferat, Fachbereich Ehevorbereitung/Junge Familien, Agnes Passauer, Rochusstr. 5–7, 80333 München
Landeskirchenamt der Evangelisch-Lutherischen Kirche in Bayern, Volker Herbert, Meiserstr. 11, 80333 München
Gruppe Familienseelsorge, Eva Polednitschek-Kowallick, Rosenstr. 16, 48143 Münster
Arbeitsgemeinschaft für Katholische Erwachsenenbildung, Christof Horst, Geschwister-Scholl-Str. 15, 49661 Cloppenburg (Offizialat Oldenburg)
Referat Familienseelsorge, Klemens Schulke, Domhof 12, 49074 Osnabrück
Bildungsstätte St. Bonifacius, Heinrich Hupe, 59955 Winterberg-Elkeringhausen (Diözese Paderborn)
Referat für Ehe und Familie, Christian Domes, Domplatz 3, 94032 Passau
Diözesanstelle Ehe und Familien, Berthold Zähringer, Jahnstr. 30, 70597 Stuttgart (Diözese Rottenburg)
Abteilung Ehe und Familie, Thomas Kiefer, Webergasse 11, 67346 Speyer
Referat Ehe und Familie, Michael Rustemeyer, Hinter dem Dom 6, 54290 Trier
Centre de Pastoral Familiale, Jean Paul Conrad, 3, place du Theatre, L-2613 Luxemburg
Katholisches Familienwerk Österreichs, Spiegelgasse 3, A-1010 Wien 1

▶ Das für die Übungsgespräche gedachte nebenstehende Regelblatt bitte heraustrennen und in Dachform über einen gefalzten Karton legen. Beachten Sie auch die Rückseite.

Beim Thema bleiben ◄

Konkrete Verhaltensweise ansprechen ◄

Konkrete Situation ansprechen ◄

Sich öffnen, von sich reden ◄

REDEN

ZUHÖREN

► Offen zuhören und zusammenfassen

► Offen nachfragen

► Den Partner bestärken

► Eigene Gefühle äußern

KOMMUNIKATIONS-TRAINING

■ Vereinbaren Sie im voraus einen wöchentlichen Gesprächs-übungstermin.

■ Achten Sie darauf, daß Sie maximal 90 Minuten ungestört und ohne Ablenkung miteinander reden können.

■ Setzen Sie sich offen gegenüber, und sehen Sie sich beim Sprechen und Zuhören an.

■ Lesen Sie sich vor Beginn die Bedeutung der Regeln noch einmal durch, und erläutern Sie sich die Regeln gegenseitig mit eigenen Worten, bevor Sie das Gespräch beginnen.

■ Stellen Sie während des Gesprächs die Regeln gut lesbar zwischen sich auf.

■ Reden Sie nicht zu lange, damit Ihr Partner noch zusammenfassen kann.

■ Wer als Zuhörender nach dem „Zusammenfassen" in die Sprecherrolle wechseln will, dreht das Faltblatt mit den Regeln um.

■ Achten Sie auf die Einhaltung jeder einzelnen Regel während des Gesprächs.

■ Machen Sie einander liebevoll und mit Humor auf Regelverstöße aufmerksam.

■ Beginnen Sie ein Regelgespräch nicht unmittelbar nach einem Streit, wenn Sie noch erregt sind.

■ Das Regelgespräch bewirkt eine Vertiefung und Weiterentwicklung der Partnerschaft, wenn es von beiden mit diesem Ziel geführt wird.

REDEN

■ Sich öffnen, von sich reden

Wenn jeder von sich, seinen Gefühlen und Bedürfnissen offen spricht, kann der Partner ebenso offen zuhören. Wenn Sie Ihre Wünsche in Beschuldigungen und Vorwürfe kleiden, wehrt der Partner ab, hört nicht genau hin, und die Auseinandersetzung wird unfruchtbar.

■ Konkrete Situationen ansprechen

Verzichten Sie im Gespräch auf Verallgemeinerungen („immer"„nie"), und sprechen Sie stets von konkreten Situationen. Das ist nicht nur viel anschaulicher, sondern eine Verallgemeinerung führt mit Sicherheit zu Widerspruch und meistens zum Ende eines konstruktiven Gesprächs.

■ Konkrete Verhaltensweise ansprechen

Unterstellen Sie Ihrem Partner im Gespräch keine negativen Eigenschaften (auf diese wird er schon aus Selbstachtung mit Widerspruch reagieren). Sprechen Sie statt dessen davon, wie ein konkretes Verhalten in einer bestimmten Situation auf Sie wirkt.

■ Beim Thema bleiben

Um über aktuell Erlebtes zu sprechen, brauchen Sie keine Rückgriffe auf die Vergangenheit, an die sich beide unterschiedlich erinnern. Bei Verlagerung des Gesprächs in die Vergangenheit oder Vorgriffen auf die Zukunft kommt es fast immer zu Sprüngen zwischen verschiedenen Themen.

PROBLEMLÖSEMODELL
1. Problem im Regelgespräch herausfinden
2. Alle Lösungsideen aufschreiben
3. Ideen regelrecht diskutieren
4. Beste Idee festhalten
5. Schritte zu ihrer Umsetzung aufschreiben
6. Einhaltung der Schritte kontrollieren

ZUHÖREN

■ Offen zuhören und zusammenfassen

Hören Sie Ihrem Partner aufmerksam zu (als erlebten Sie ihn zum ersten Mal), und fallen Sie ihm nicht ins Wort. Fassen Sie hinterher zusammen, was Ihr Partner gesagt hat. Das klingt zunächst künstlich, hat aber für die Übungsphase große Bedeutung: Sie vergewissern sich, ob Sie Ihren Partner richtig verstanden haben und er kann überprüfen, ob er gesagt hat, was er sagen wollte. Die Zusammenfassung verlangsamt das Gespräch und ermöglicht eine bessere Einfühlung.

■ Offen nachfragen

Nachfragen sind nötig, wenn man beispielsweise nicht genau weiß, von welchem Tag, welchem Ereignis usw. der Partner spricht, aber auch, wenn sich der Partner indirekt ausdrückt und seine Gefühle und Wünsche noch nicht ganz klar werden. Nachfragen dürfen nie bohrend oder suggestiv sein. Offen nachfragen bedeutet, an einer Antwort wirklich interessiert zu sein.

■ Den Partner bestärken

Schon durch Ihr aufmerksames und zugewandtes Zuhören, Zusammenfassen und offenes Nachfragen wird Ihr Partner ermutigt, im Gespräch aus sich herauszugehen. Bestärken Sie ihn manchmal zusätzlich durch Kopfnicken und durch Äußerungen, die ihm versichern, daß Sie interessiert sind, mehr von ihm zu erfahren.

■ Eigene Gefühle äußern

Manches, was der Partner Ihnen jetzt vertrauensvoll mitteilt, kann Sie dennoch betroffen oder gar bestürzt machen. Reagieren Sie, wenn Sie an der Reihe sind, nicht mit Gegenvorwürfen, sondern schildern Sie Ihrerseits offen, was das vom Partner Geäußerte bei Ihnen auslöst.

Das Video zum Buch

Falken Video

Partnerschaft leben lernen

VHS, ca. 60 Minuten, in Farbe.
DM 49,95*; ÖS 399*; SFR 49,90*;
ISDN 3-8068-6183-8

REGISTER

Im FALKEN Verlag sind zahlreiche Titel zum Thema Partnerschaft erschienen. Bitte fragen Sie in Ihrer Buchhandlung.
Beachten Sie außerdem das ebenfalls über den Buchhandel erhältliche Video „Partnerschaft leben lernen" (Nr. 6183, Spieldauer ca. 60 Minuten, in Farbe).

Die Deutsche Bibliothek – CIP-Einheitsaufnahme

Keil, Annelie:
Partnerschaft leben lernen : wenn Beziehungen krank machen, warum Gespräche in der Sackgasse enden, wie man Beziehungsfallen erkennt, welche Alltagsübungen helfen / Annelie Keil ; Klaus Haak. – Niedernhausen/Ts. : FALKEN, 1995
 ISBN 3-8068-1518-6
NE: Haak, Klaus:

ISBN 3 8068 1518 6

© 1995 by Falken-Verlag GmbH, 65527 Niedernhausen/Ts.
Die Verwertung der Texte und Bilder, auch auszugsweise, ist ohne Zustimmung des Verlags urheberrechtswidrig und strafbar. Dies gilt auch für Vervielfältigungen, Übersetzungen, Mikroverfilmung und für die Verarbeitung mit elektronischen Systemen.
Umschlaggestaltung und Layout: Bayerl & Ost GmbH, Frankfurt/M.
Gestaltung: Christa Gramm
Redaktion: Dr. Dietrich Voorgang
Nachauflagenredaktion: Karin Schulze-Langendorff
Herstellung: Petra Zimmer
Titelbild: ZEFA (Lenz), Düsseldorf
Fotos: Umschlagseite hinten: **Frank Pusch**, Bremen; S. 2: **ZEFA** (Lenz), Düsseldorf
Zeichnungen: Dietmar Griese, Hannover
Die Ratschläge in diesem Buch sind von den Autoren und vom Verlag sorgfältig erwogen und geprüft, dennoch kann eine Garantie nicht übernommen werden. Eine Haftung der Autoren bzw. des Verlags und seiner Beauftragten für Personen-, Sach- und Vermögensschäden ist ausgeschlossen.
Satz: Falken-Verlag GmbH, Niedernhausen/Ts.
Druck: Konkordia Druck GmbH, Bühl/Baden

817 2635 4453 6271